Wanderungen durch das

Thüringer Land

Entlang des Rennsteigs und der Klassikerstraße

ZVP ZIETHEN-PANORAMA VERLAG

Günter Gerstmann

Wanderungen durch das THÜRINGER LAND Entlang des Rennsteigs und der Klassikerstraße

Thüringen kann man nicht besichtigen, man kann es nur erwandern. So steht es in einem Rennsteig-Führer. Und kürzlich hörte ich den ungewöhnlichen Ausspruch: „Wenn man von der Welt nichts kennt, ist es gut, mit Thüringen anzufangen." Aber wo, an welchem Punkt? Da war von der Wartburg die Rede, dieser deutschesten aller deutschen Burgen. Sie sei ja auch das „Haupt des Landes" von diesem Thüringen. Wenn man dies erfassen möchte, sei es am besten, den Bergfried zu besteigen: Von dieser hohen Warte reicht weit der Blick ins Thüringer Land, das Grüne Herz Deutschlands. Es ist das Thüringer Becken mit seinen Flüssen und dem Thüringer Wald – die Landschaft zwischen dem nördlichen Eichsfeld, der Werra und der Rhön und Teilen des Frankenwaldes, im Osten das Vogtland und die Unstrut und im Westen der Harz. Eine Totale der Mannigfaltigkeit, beschrieben und bewundert in langen Zeiträumen, so wie auch Goethe es getan hat: Am 13. September 1777 heißt es in einem Brief, den er auf der Wartburg an seine Freundin Charlotte von Stein geschrieben hat: „...Hier oben! Wenn ich Ihnen nur diesen Blick ... hinübersegnen könnte. In dem grauen, linden Dämmer des Mondes die tiefen Gründe, Wiesen, Büsche, Wälder und Waldblößen, die Felsen, Abgänge davor, und hinten die Wände ... und die lieblichen Auen und Täler ferner hinunter, und das weite Thüringen hinterwärts, im Dämmer sich mit dem Himmel mischt." Von der Ilmenauer Landschaft schrieb er: „Die Gegend ist herrlich, herrlich!" Auf dem Goethe-Wanderweg vermag der Fremde noch heute des Dichters Spuren zu folgen und die Schönheit dieser Landschaft zu erleben.

Exploring THURINGIA – Along the Rennsteig path and the Classical Route

You cannot visit Thuringia, says a travel guide, you can only walk throuh it. And not long ago I heard a remarkable statement: "If you don't know anything about the world, Thuringia is a good place to start". Yes, but where, at what spot? The first place that springs to mind is the Wartburg, that "most German of German castles", which dominates the land in more ways than one. For a first impression it is best climb to the top of the castle keep. From this high watchtower there is an extensive view over Thuringia, the green heart of Germany. Here we can look over the rivers of the Thuringian basin and survey the Thuringian forest, which includes Eichsfeld in the north, the rivers Werra and Unstrut, the Rhön and Vogtland in the east and parts of the Harz and Frankenwald, too. Here is Thuringia in all its multifarious aspects, described and admired by so many writers over the course of centuries. It was from the Wartburg on 13 September 1777 that Goethe wrote to his friend Charlotte von Stein, "... if I could only convey the blessing of the view to you ... the deep valleys in the balmy grey moonlit dusk, the meadows, bushes, woods and clearings, the rocks and cliffs, the pleasant water-meadows and valleys farther below, and behind the great backcloth of Thuringia merging into the twilight sky". Of the Ilmenau landscape he wrote "This area is splendid, splendid!" Today, those who wish can take pleasure from the same landscape by tracing Goethe's footsteps on the Goethe Path.

The greatest attraction of the Thuringian landscape is the Thuringian forest, more beautiful, they say, than any other in the whole wide

Randonnées en THURINGE – Au long du Rennsteig et de la Route des Classiques

La Thuringe ne se «visite» pas, elle se «parcourt», peut-on lire dans un guide de celte région Land situé à l'Est de l'Allemagne. Récemment, j'ai entendu une réflexion insolite: «Quand on ne connaît rien» du monde, il vaut mieux commencer par la Thuringe.» Mais par quel endroit de cette région? Peut-être au le Wartburg le «plus allemand des châteaux allemands». Wartburg est le «point culminant» de la Thuringe et si l'on grimpe en haut de son donjon, on découvrira un panorama immense sur la région surnommé le « poumon vert de l'Allemagne». Il englobe le bassin de Thuringe qui est parsemé de cours d'eau et le la Forêt de Thuringe (Thüringer Wald). Une région qui s'étire entre les terroirs de l'Eichsfeld au Nord, les rivières Werra Unstrut les régions de la Rhön et du Vogtland à l'Est, elle comprend aussi des parties du Frankenwald et de l'Harz. Une multitude de paysages, chantés et admirés au cours des siècles, notamment par Goethe qui durant une visite au Wartburg, décrivit ses impressions dans une lettre adressée le 13 septembre 1777 à son amie Charlotte von Stein. Le grand poète s'exclame sur le panorama se déroulant à ses pieds, baigné de la lueur tamisée de la lune qui enveloppe les profondeurs, les prés, les bosquets, les forêts et les clairières; il dépeint les rochers dressés entre des versants et des parois rocheuses, les et les vallées douces au lointain, fermées par la Forêt de Thuringe qui se mêle au ciel dans le crépuscule. Enthousiasmé par les paysages de l'Ilmenau, il écrit: «La région est magnifique, magnifique!» Aujourd'hui encore, on découvre les traces du grand poète sur les chemins qu'il a parcourus et dont il a admirablement évoqué la beauté.

Thüringens großes Landschaftserlebnis ist der Thüringer Wald, und so schön wie er ist wohl kein anderer auf der weiten Welt. „Wie eine Welt für sich ragt er dort zum Himmel auf...!“ Der Charakter des Thüringer Waldes ist im Ganzen idyllisch, so weiß Ludwig Storch 1842 zu berichten: „...ja viele seiner schönen Täler haben sogar eine rein elegische Natur. Sie bergen in ihrem Schoße jene süße Schwermut, jene das Herz ergreifende Sehnsucht weckende Sentimentalität, welche in unbestimmtem Verlangen selbst Befriedigung findet.“ Heute ist die gesamte Berglandschaft touristisch erschlossen – Oberhof, die Region Inselsberg und andere Ortschaften sind Zentren des Fremdenverkehrs. Zu den schönsten Landschaften Thüringens zählt auch das romantische Schwarzatal.

Aber nirgendwo in Deutschland war die politische Zersplitterung des Landes so groß wie in Thüringen. Darüber hat auch Goethe gespottet, der als Minister des Herzogtums Sachsen-Weimar-Eisenach darüber Bescheid wissen musste: „Hier ... ist der eigentümlichste klassische Boden grenzenloser Absurditäten...“ Bis 1918 war das Land heillos zersplittert in kleine und kleinste Herzog- und Fürstentümer und jedes wachte eifersüchtig über seine Souveränität. Bis ins 20. Jahrhundert zeigte die Karte von Thüringen 94 verschiedene Farbtönungen. Um sich ein Bild von der beispiellosen territorialen Zerrissenheit Thüringens machen zu können, muss man nicht alte Karten studieren. Es genügt, sehr genau auf die mundartlichen Dialekte zu hören, die eine große Vielfalt zeigen und damit bekunden, dass sich ein einheitlicher thüringischer Dialekt nicht entwickeln konnte.

world. “It stretches up to the heavens like a world in itself...”, wrote Ludwig Storch in 1842. “Its character is primarily idyllic, indeed, many of its fine valleys possess a purely elegaic nature. They bear within them a core of sweet melancholy, a sentimentality that touches the heart and awakens that longing which finds fulfilment in indefinite desire.” Today the whole mountainous landscape has become the domain of the visitor, and places like Oberhof, the region around the Inselsberg and the romantic Schwarzatal are now tourist centres.

Nowhere in Germany have political divisions been as marked as in Thuringia. Even Goethe mocked this trait, and as the Minister of the Duchy of Saxe-Weimar-Eisenach he was well equipped to judge. He found it, as he wrote, extremely odd: the “classical soil of boundless absurdities.” Up to 1918 the land consisted of a hopelessly confused conglomeration of small and miniature princedoms and duchies, each of which kept jealous guard over its sovereignty. Right up to the 20th century, there were ninety-four different colours on the map of Thuringia. But it is not necessary to have a map to illustrate the unrivalled territorial fragmentation of Thuringia. It suffices simply to listen to some of the multitude of local dialects to realise that the historical partitioning of land has not even permitted agreement on a common form of speech.

Thuringia has always been a impoverished region, whose inhabitants scraped a living from glass-blowing and the manufacture of toys and meerschaum pipes.

Le Forêt de Thuringe (Thüringer Wald) est le joyau de cette région. Une montagne moyenne boisée si belle qu'on la dit unique au monde. « Elle s'élève vers le ciel comme un monde en soi...! » Ludwig Storch en décrit le caractère idyllique dans un de ses ouvrages datés de 1842: « Tant de ses belles vallées ont une nature élégiaque. Leurs profondeurs abritent une douce mélancolie, des pensées romantiques qui touchent les cœurs et éveillent des désirs... » La région entière s'est aujourd'hui ouverte au tourisme. De nombreuses localités dont Oberhof, et la région autour de Inselsberg sont des lieux de séjour très appréciés de même que la vallée romantique du Schwarzatal aux paysages splendides.

Aucune région d'Allemagne n'a connu autant de divisions politiques que la Thuringe. Goethe qui fut ministre du duché de Saxe-Weimar-Eisenach qualifia, à bon escient, la région de puits d'absurdité infinie. Jusqu'en 1918, elle fut morcelée en une multitude de petits duchés et principautés qui veillaient jalousement sur leur souveraineté. La carte historique de la Thuringe présentait encore une mosaïque de 94 nuances différentes au début du XXe siècle. Il n'est pas nécessaire d'étudier d'anciennes cartes pour se faire une idée du découpage territorial sans précédent de la Thuringe. Il suffit d'écouter les patois différents utilisés dans des endroits parfois peu éloignés les uns des autres, pour comprendre que les nombreuses frontières n'ont jamais permis la création d'un dialecte thuringien commun.

Thüringen ist von jeher ein armes Land gewesen, dessen Bewohner sich mit Glasbläserei, mit der Herstellung von Spielwaren und Meerschaumpfeifen ernährten. Und dennoch bemerkte die Schriftstellerin Ricarda Huch (1864-1947): „Dies kleine, erbärmliche Land hat viel des Großen und Schönen hervorgebracht und seine Funktion als Herz Deutschlands preiswürdig ausgeübt. Was für Bilder beschwören den, der die deutsche Geschichte kennt, die Namen der berühmten Städte hört! Von all den vielen Burgen und Schlössern Deutschlands ist keine unserem Gedächtnis so liebevoll eingeprägt wie die Wartburg. Schlank, lieblich, fest und kühn hebt sie sich aus flimmernden Wäldern, winkt sie festlich ins Tal." Diese Burg ist verknüpft mit wichtigen Ereignissen der deutschen Geschichte, wie dem mittelalterlichen Sängerkrieg und Luthers sprachlicher Meisterleistung der Bibelübersetzung. Die Bedeutung der Wartburg als ein herausragendes Denkmal deutscher Geschichte wurde vom Weimarer Großherzog Carl Alexander erkannt, der sie Mitte des 19. Jahrhunderts wieder aufbauen ließ.

Thüringen bietet als eine weitere Einmaligkeit die Klassiker-Straße. Diese Straße vereint in ihrer Länge von etwa 300 km all die Orte, die mit dem Leben und Wirken der großen deutschen Klassiker verbunden sind. Wie auf einer Perlenschnur sind sie aufgereiht: Eisenach, Gotha, Erfurt, Weimar, Jena und im Süden Rudolstadt, Ilmenau und Meiningen. Doch sollte man diese Städte nicht nur auf ihre Bedeutung für die Klassiker begrenzen. In Gotha sollte man unbedingt auch das monumentale Schloss Friedenstein, eine der größten Anlagen des deutschen Frühbarocks,

Nevertheless, the writer Ricarda Huch (1864-1947) noted that "this small, insignificant land has produced much that is great and beautiful, and it is praiseworthy how it has fulfilled its role as the heart of Germany. For those who are acquainted with German history, what images are conjured up by the names of Naumburg, Erfurt, Jena, Eisleben and Eisenach! And above all, of the many castles and palaces in Germany, none is so clearly and so affectionately etched on our memory as the Wartburg. Slim and charming, yet stalwart and bold, it soars above the shimmering woodlands and gravely salutes the valley below." This castle is intimately bound up with significant episodes in German history such as the medieval singers' contest and Luther's masterly translation of the Bible. Grand Duke Carl Alexander of Weimar was well aware that the Wartburg was a significant feature of German history when he had the castle restored at the middel of the 19th century.

Another unique aspect of Thuringia is the route of the classics, a 300-kilometre-long road which links a succession of places connected with the life and work of Germany's greatest classical authors. They are strung along the way like pearls on a chain: Eisenach, Gotha, Erfurt, Weimar, Jena and in the south Rudolstadt, Ilmenau and Meiningen. But it would be a mistake to confine the appeal of these towns to their connections with the classical literature of Germany. Gotha, for instance, is worth a visit because of its monumental Schloss Friedenstein, one of the largest Early Baroque palaces in Germany, which also has a notable picture gallery.

La Thuringe a toujours été un pays pauvre. Sa population tirait ses ressources de la fabrication de verreries, de jouets et de pipes d'écume. Néanmoins, Ricarda Huch, une des plus grandes femmes écrivains de son temps (1864-1947) déclarait: «Cette modeste région a engendré de belles et grandes choses et rempli avec honneur sa fonction de cœur de l'Allemagne. Que d'images admirables évoquent les noms Naumburg, Erfurt, Weimar, Iéna, Eisleben à ceux qui connaissent l'histoire d'Allemagne. De tous les châteaux et palais allemands, aucun n'est plus tendrement enfermé dans notre mémoire que le château du Wartburg. Elancé, gracieux, mais aussi d'aplomb et hardi, il s'élève au-dessus des forêts scintillantes et salue la vallée.» Le Wartburg raconte des pages captivantes de l'histoire allemande – il fut le lieu de naissance de la célèbre épopée médiévale «Sängerkrieg» et le refuge de Luther qui y traduisit la Bible en langue vernaculaire. Le Wartburg, un des plus grands monuments de l'histoire allemande, fut restaurée au centre du XIXe siècle dernier sous le règne du grand-duc Charles-Alexandre de Weimar.

La Thuringe offre une autre curiosité unique: la route des Classiques. Cette route, longue d'environ 300 km, réunit tous les lieux associés à la vie et aux œuvres des grands auteurs classiques allemands. Ces endroits s'égrènent comme les perles d'un collier: Eisenach, Gotha, Erfurt, Weimar, Iéna, Rudolstadt, Ilmenau et Meiningen. Il ne faut toutefois pas limiter ces villes à leurs célèbres résidents. Gotha par exemple abrite Schloss Friedenstein, un des plus grands ensembles de style baroque allemand.

mit seiner wertvollen Gemäldegalerie besichtigen. Es birgt zudem eines der ältesten barocken Schlosstheater mit einer originalen Bühnenmechanik.

Thüringen ist ein Burgenland. Im Städtedreieck Apolda-Weimar-Jena liegt eine der größten Wasserburgen: Kapellendorf. Sie war im Oktober 1806 Hauptquartier der preußischen Truppen, die von Napoleon am 18. Oktober bei Jena vernichtend geschlagen wurden. Jena selbst war zu diesem Zeitpunkt durch seine 1558 gegründete Universität ein geistiger Mittelpunkt Deutschlands, ein Zentrum der Philosophie und Romantik. Hier wirkten Fichte, Schelling und Hegel. Goethe war häufig in dieser von ihm bezeichneten „Stapelstadt des Wissens und der Wissenschaften", wo er naturwissenschaftliche Studien betrieb und wo er den Zwischenkieferknochen des Menschen entdeckte. Für ein Jahrzehnt (1789-1799) lebte Schiller in Jena. Goethe hatte ihm an der Universität eine Professur für Geschichte vermittelt.

Jena ist auch die Wiege der feinmechanisch-optischen Industrie und der Glasindustrie. Carl Zeiss, Ernst Abbe und Otto Schott ist es zu verdanken, dass die in Jena gefertigten wissenschaftlichen Präzisionsgeräte Weltruhm erlangten. Das Zusammenwirken von Wissenschaft und Technik bestimmt die Entwicklung der Stadt bis in unsere Zeit. Unweit von Jena liegen die Dornburger Schlösser – ein einzigartiger Zusammenklang von Landschaft und Architektur, von Geschichte, Kunst und Dichtung.

In addition, the palace houses one of the oldest Baroque court theatres, whose scenery has been maintained in its original form.

Thuringia's castles are attractive places to visit. As an example, there is to name Kapellendorf, which lies within the triangle created by Jena, Weimar and Apolda. As one of the largest moated castles in the land it became the headquarters of the Prussian troops in 1806 before their crushing defeat in Jena at the hands of Napoleon on 18 October. At this time Jena was centred around its university, founded in 1558, and had thus become an intellectual centre of Gemany, a focal point for philosophers and for the Romantic movement. Fichte, Schelling and Hegel all worked in Jena and Goethe was a frequent visitor to the town that he once described as a "storehouse of knowledge and science." He himself undertook scientific experiments in Jena, whereby he discovered the human intermaxillary bone. For a whole decade (1789-99) the great poet Schiller was also resident in Jena, where Goethe had procured him the post of Professor of History at the university.

Jena is also regarded as the cradle of the glass industry and the precision-engineered optical industry. Thanks to the pioneering work of Carl Zeiss, Ernst Abbe and Otto Schott, precision instruments manufactured in Jena have become world famous, and the collaboration between science and technology has proved a decisive factor in the growth of Jena until our own time.

L'édifice monumental renferme une splendide galerie de peintures et un des plus anciens théâtres baroques, possédant encore ses décors d'origine.

Les châteaux de Thuringe promettent des visites fascinantes: Kapellenhof, situé dans le triangle formé par les villes Iéna, Weimar et Apolda, est un des plus grands châteaux entourés de douves du pays. En octobre 1806, l'armée prussienne y installa son quartier-général avant d'être vaincue par Napoléon à Iéna le 18 du même mois. A cette époque, Iéna dont l'université fut fondée en 1558, était une des principales villes culturelles allemandes, un centre de la philosophie et du romantisme. Les philosophes Fichte, Schelling et Hegel y travaillèrent, tandis que Goethe venait fréquemment séjourner dans «la ville du savoir et de la science» où il s'adonnait à des travaux scientifiques et découvrit «l'intermaxillaire de l'Homme». L'illustre poète Schiller vécut dix ans à Iéna (1789–1799) après que Goethe lui eut procuré une chaire d'histoire à l'université.

Iéna est également le berceau de l'industrie du verre et de l'optique. La ville est aujourd'hui mondialement connue pour sa fabrication d'appareils de haute précision, grâce aux grands industriels et précurseurs Carl Zeiss, Ernst Abbe et Otto Schott. La collaboration de la science et de la technique a déterminé le développement de la ville jusqu'à nos jours. Les châteaux de Dornburg s'étendent à proximité de la ville. Ils constituent un ensemble unique de nature et d'architecture, d'histoire, d'art et de littérature.

Wer heute nach Dornburg kommt, ist tief beeindruckt von den Schlossanlagen, die ganz ungewöhnlich für die Topographie des mitteldeutschen Raumes sind. Goethe weilte oft im südlichen Schloss; sein letzter Aufenthalt von 1828 ist durch seine hier verfassten „Dornburger Gedichte" in die Literaturgeschichte eingegangen. Den Besucher grüßen die über dem Eingang stehenden Verse, die der Dichter aus dem Lateinischen übersetzte: „Freudig trete herein und froh entferne dich wieder, gehst du als Wanderer vorbei, segne die Pfade dir Gott!"

Von Dornburg ist es nicht weit hinüber nach Tautenburg, wo sich im Sommer 1883 Friedrich Nietzsche mit Lou Andreas-Salome traf und wo im Mai 1945 Ricarda Huch das Ende des Zweiten Weltkrieges erlebte. Und nicht zu vergessen: Das mittlere Saaletal mit seinen reichen Orchideen-Vorkommen gehört zu den bedeutenden Landstrichen Thüringens. Beeindruckend ist die Ursprünglichkeit dieser Landschaft, eingefasst in sanft freundliche Bergketten, deren terrassenförmige Anordnung auf der Südseite noch heute den einstigen Weinanbau verrät. Der Besucher erlebt jene fein durchkultivierte Natur, die uns Goethe bewusst gemacht hat. Das mittlere Saaletal wird touristisch immer beliebter, das liegt auch an der Goethe-Gedenkstätte Kochberg, in der Nähe von Rudolstadt, dem einstigen Sommersitz der Charlotte von Stein.

Auch Rudolstadt war eine fürstliche Residenz. Das Stadtbild wird beherrscht von der mächtigen Heidecksburg, einer der größten Schlossanlagen Thüringens.

Not far from Jena are the Dornburger castles and palaces – a uniquely harmonic combination of scenery and architecture, of history, art and poetry. The visitor to Dornburg cannot fail to be deeply impressed by this castels and palaces, which is extremely unusual in the topography of the medieval landscape. Goethe stayed many times at the south one of the palaces, and his final visit has gone down in literary history, for it was here that he conceived the "Dornburger Poems". One of his verses, translated from the Latin, is inscribed above the entrance to the palace: "Enter with joy, depart with cheer, and if you chance to wander past, may God bless the paths you tread."

From Dornburg it is not far to Tautenburg, where Friedrich Nietzsche met Lou Andreas Salome in the summer of 1883, and where in 1945 Ricarda Huch lived through the final stages of the Second World War. The central reaches of the valley of the Saale, a tributary of the Elbe, are also worth a mention, for this is one of the most delightful parts of Thuringia and nowhere in Germany grow as many orchids as here. The countryside has a natural beauty. The central Saale valley is set between gently rolling hills in a variegated and undulating arena, and the terraces on the southern slopes bear witness to the fact that vineyards were once cultivated on these hillsides. Nature shows its delicately, refined side here, the aspect that Goethe revealed to us. This part of the Saale valley is one of the areas of Thuringia that has become increasingly popular with tourists, not least due to Goethe's connection with Kochberg, near Rudolstadt, once the summer residence of his close friend Charlotte von Stein.

Goethe venait fréquemment au le château de sud de Dornburg qu'il immortalisa dans son œuvre: «Poèmes de Dornburg», écrite lors de son dernier séjour en 1828. Au-dessus de l'entrée de l'édifice, le visiteur peut lire un vers que Goethe traduisit du latin: «Entre dans la joie et repars dans la gaieté. Si tu es un randonneur passant sur le chemin, que Dieu bénisse ta route.»

Dornburg n'est pas très éloignée de Tautenburg où Friedrich Nietzsche rencontra sa muse Lou Andreas-Salomé en 1883 et où Ricarda Huch vécut la fin de la Seconde Guerre Mondiale en mai 1945. Le «mittlere Saaletal» ou vallée moyenne de la Saale, un affluent de l'Elbe, est une des régions les plus captivantes de la Thuringe, réputée notamment pour ses vastes cultures d'orchidées. Le «Saaletal» impressionne par la beauté naturelle de ses paysages qui s'insèrent entre des crêtes douces et dessinent des vallons dont les versants sud descendent en terrasses sur lesquelles la vigne poussait autrefois. Ici, les visiteurs découvrent la nature délicate chantée par Goethe. Le «mittlere Saaletal» s'ouvre de plus en plus populaires de touristique. On y vient pour goûter sa nature, mais aussi pour y suivre les traces de Goethe qu'on retrouve par exemple à Kochberg, l'ancienne résidence d'été de Charlotte von Stein, située près de Rudolstadt.

Rudolstadt fut également une résidence princière. La Heidecksburg, un des plus imposants châteaux-forts de Thuringe, domine la physionomie de la ville. L'édifice monumental fut le centre de la culture courtoise durant les règnes des princes Friedrich-Anton et Johann-Friedrich

Sie war das Zentrum der höfischen Kultur unter der Regentschaft der Fürsten Friedrich Anton und Johann Friedrich, die als Landesherren das Geistesleben, die Kunst und die Wissenschaft nachhaltig beeinflussten. Sie schufen die Grundlagen für eine kulturelle Blütezeit der Residenz zur Wendezeit ins 19. Jahrhundert, die unter anderem mit Persönlichkeiten wie Schiller, Goethe sowie Alexander und Wilhelm von Humboldt verbunden war. Man muss durch alle diese Schlösser und Residenzen südlich und nördlich des Thüringer Waldes bummeln, um zu erahnen, welche Lust am Schönen sich hier über viele Generationen entfalten konnte. Wo andere Potentaten Kriege führten und ihre Untertanen in grenzenlose Not und Armut versetzten, sammelten die Thüringer Gemälde und legten Kunstsammlungen an, sie machten Musik oder verschrieben sich der Theaterleidenschaft. Herzog Georg II. von Sachsen-Meiningen war einer der bedeutenden Kunstmäzene im ausgehenden 19. Jahrhundert Er reiste mit seiner Theatergruppe, den Meiningern, durch ganz Europa und förderte an seinem Hof Musiker wie Franz Liszt, Richard Strauss und Max Reger. Der Wappenspruch der Herzöge von Sachsen-Gotha „Friede ernehret, Unfriede verzehret" steht über dem Portal von Schloss Friedenstein in Gotha.

„Thüringen ist und bleibt nach den Rheingegenden mir der liebste Landstrich in Deutschland. Es ist so etwas Heimisches, Befreundetes in dem Boden; wie ein alter herzlicher Jugendfreund heißt er den Wanderer willkommen." (Friedrich Gottlob Wetzel, 1779-1819)

Rudolstadt itself was a residence of aristocrats. The town is dominated by the mighty bulk of Heidecksburg, one of the largest palace in Thuringia. Two exceptional rulers of the land, Count Friedrich Anton and Count Johann Friedrich, exerted a long-lasting influence on the intellectual, artistic and scientific life of the area. As a result of their efforts, the court culture of Heidecksburg flourished at the close of the eighteenth century and was bound up with illustrious names like those of Schiller, Goethe and Alexander and Wilhelm von Humboldt. Here in Thuringia, both north and south of the Thuringian Forest, the desire for beauty drove one generation after another to build palaces and residences – and the best way to appreciate them is to explore them at leisure. Where other potentates waged war and subjected their subjects to immeasurable poverty and hunger, the lords of Thuringia collected paintings, accumulated works of art, made music or succumbed to their passion for the theatre. The motto on the coat of arms of the Dukes of Saxe-Meiningen – "Accord sustains, discord devours" – is inscribed above the gateway of Schloss Friedenstein in Gotha.

Friedrich Gottlob Wetzel (1779-1819) chose Thuringia as one of his favourite regions of Germany. There was, he wrote, something homely and friendly about the atmosphere, "and like an old and affectionate friend of one's youth, it always has a welcome for the wanderer."

dont l'influence sur la littérature, les arts et la science allait se répercuter pendant longtemps. Les deux souverains posèrent les bases de l'épanouissement culturel que la ville connut au tournant du XIVe siècle et auquel participèrent entre autres Schiller, Goethe ainsi que les frères de génie Alexandre et Wilhelm von Humboldt. C'est en explorant tous ces châteaux et villes de résidences princières au Nord et au Sud de la forêt de Thuringe que l'on se rend compte combien le désir de créer la beauté imprégna de nombreuses générations. Tandis que les potentats d'autres Etats allemands guerroyaient et plongeaient leurs sujets dans la misère, les souverains de Thuringe rassemblaient des collections d'art, s'entouraient de musiciens ou se passionnaient pour l'art théâtral comme le duc George II de Saxe-Meiningen, un des plus grands mécènes du théâtre à la fin du XIVe siècle. Il accompagna sa troupe « Les Meiningern » à travers toute l'Europe et invita à sa cour des musiciens tels que Franz Liszt et Richard Strauss. La devise des ducs de Saxe-Gotha est gravée audessus du portail du château Friedenstein à Gotha: « La paix nourrit, la dissension détruit ».

« La Thuringe est ma région préférée d'Allemagne après les provinces rhénanes. Quelque chose de familier, d'amical émane de son sol; il souhaite la bienvenue au randonneur comme un vieil ami d'enfance ».
(Friedrich Gottlob Wetzel, 1779-1819).

„Wart' Berg, du sollst mir eine Burg werden!" Mit diesem Versprechen legte Ludwig der Springer 1067 den Grundstein zur „deutschesten aller Burgen". Urkundlich wurde die Wartburg 1080 zum ersten Mal erwähnt. Der spätromanische Palas, der wertvollste und älteste Teil der Burg, entstand 1168. Hier soll auch im Mittelalter der legendäre Sängerkrieg stattgefunden haben. Ihren romantischen Glanz erhielt die Burg auf Goethes Anraten erst 1838 durch die vom Weimarer Großherzog Carl Alexander vorgenommene Restaurierung.

It was in the 11th century that this conspicuous "Berg", or hill, became a "Burg", or fortress. The foundation stone for the "most German of German castles" was laid in 1067 by Count Ludwig (famed for fleeing his foes by a legendary jump from the castle walls). Although the Wartburg was first recorded in 1080, the Late Romanesque keep dates from 1168. Tradition has it that the Wartburg was the scene for the ministrels' song contest commemorated centuries later in Wagner's opera "Tannhäuser". The castle was restored in 1838.

En 1067, Ludwig der Springer posait la première pierre du château de la Wartburg qui devint la résidence des landgraves de Thuringe. La Wartburg est mentionnée pour la première fois dans un document en 1080. Le corps d'habitation de l'édifice, construit en style roman tardif en 1168, est la partie la plus ancienne du château. C'est ici que deux auteurs inconnus écrivirent le célèbre poème épique intitulé «Sängerkrieg» dans la deuxième moitié du XIIIe siècle. La Wartburg fut agrandie et restaurée sur les conseils de Goethe à partir de 1838.

Der Erneuerer der Wartburg, Großherzog Carl Alexander von Sachsen-Weimar-Eisenach, gab den Bau eines Hotels in Auftrag, um die zahlreichen Gäste der Wartburg zu bewirten. Sein heutiges Aussehen erhielt das Hotel in den letzten zwei Jahrzehnten, welches die gasthöfliche Tradition vergangener Zeiten bewahrt. Es wurde stets darauf geachtet, dass der einzigartige Wartburg-Stil erhalten blieb. Für einen Gaumenschmaus der besonderen Art sorgen die mehrfach ausgezeichnete Küche der „Landgrafenstube" sowie die rustikale Burgschenke.

It was Grand Duke Carl Alexander von Sachsen-Weimar-Eisenach who restored the Wartburg and also had a hotel built to accommodate the numerous visitors to the castle. The hotel's present-day aspect results from restoration work of the last two decades. This has maintained the building's traditional inn-like atmosphere of past eras, paying constant attention to preserving the Wartburg's unique characteristics. Especial culinary delights are on offer in the Landgrafenstube restaurant, whose cuisine has won several awards, and in the rustic castle tavern.

Le grand-duc Carl Alexander de Sachsen-Weimar-Eisenach fit construire un hôtel pour accueillir les nombreux visiteurs de la Wartburg. L'édifice a reçu son aspect actuel au cours des deux dernières décennies, tout en ayant conservé son ancienne tradition de convivialité, de même que le style unique de la Wartburg. La cuisine plusieurs fois primée du restaurant « Landgrafenstube » offre une expérience gastronomique de grande classe ; mais on mange également très bien dans la « Burgschenke » rustique.

1377 wurden durch einen Brand große Teile der Wartburg zerstört. Somit wurden das Torhaus, das Ritterhaus sowie die Vogtei erst später im Fachwerkbau neu errichtet. Die beiden Wehrgänge der Vorburg, der Margarethengang (westlich) und Elisabethengang (östlich), schließen sich an das Torhaus an. In der Vogtei, in der sich die Lutherstube befindet, versteckte sich Luther als Junker Jörg während seines Aufenthaltes auf der Warburg. Ein Gemälde des Junker Jörg von Lucas Cranach d.Ä. v. 1522 ist an der Wand der Lutherstube zu sehen.

Much of the original Wartburg was destroyed in a fire of 1377. The gatehouse, residential hall and steward's house were subsequently rebuilt, this time in half-timbered style. The two battlement walkways, the Margarethengang (west) and Elisabethengang (east), are connected to the gatehouse. Luther's chamber, in the steward's house, is where Luther hid during his stay in the Wartburg, disguised as Junker Jörg (Squire George). A painting of Junker Jörg by Lucas Cranach the Elder, dating from 1522, can be seen on the wall of Luther's chamber.

En 1377, un incendie détruisit une grande partie du château de la Wartburg. La porte, la maison des chevaliers et la « Vogtei » (intendance), furent reconstruites à colombages. Les deux chemins de ronde couverts, le Margarethengang (partie ouest) et l'Elisabethengang (partie est) rejoignent l'imposante porte. Dans la Vogtei, se trouve la chambre que Luther, mis au ban de l'Empire, occupa, sous le nom d'emprunt de Junker Jörg. Un portrait de Junker Jörg peint en 1522 par Lucas Cranach l'Ancien orne un des murs de l'appartement de Luther.

„Ich lass mich eintun und verbergen..." schrieb Martin Luther seinem Freund Lucas Cranach, als er am 4. Mai 1521 vor der gegen ihn verhängten Reichsacht auf die Wartburg floh. Sein Wittenberger Thesenanschlag hatte die Reformation ausgelöst. Es begannen „Hundert Tage Einsamkeit", wobei er das Neue Testament übersetzte. „Dr. Luthers Stube" nannte man schon zu Zeiten des Reformators das „Kavaliersgefängnis" im Vogteigebäude. An diesen Aufenthalt erinnert der legendäre„Tintenklecks", als Luther sein Schreibzeug nach dem Teufel geworfen haben soll.

In 1517 Dr Martin Luther start the movement known as the Reformation. By 1521 he had been he was aided by the Elector of Saxony and took refuge in the Wartburg. Determined to bring the Bible closer to the people, he spent his time in the castle translating the New Testament into German. This simple room in the Governor's residence, christened "Dr Luther's Chamber" is in the part of the building which once served as a prison for high-ranking convicts. Many marks recalls to that time like the ink-stain, which, the legend relates, when Luther throw his inkpot on the devil.

La partie de l'intendance que le réformateur habita durant son «exil» fut d'ores et déjà nommé «Logis du Dr Luther» par les gens de son époque. Des souvenirs taillés dans les madriers rappellent la présence du célèbre habitant des lieux. Mais le souvenir le plus spectaculaire est la légendaire «tache d'encre» que Luther fit quand il jeta sa plume en maudissant le diable. Une gravure sur bois de Lucas Cranach décore la pièce qui a pratiquement conservé son apparence d'origine et possède de très belles vitres en culs-de-bouteille.

IN DIESEM SAAL
STREIT GEHAI
DEM GEBURTSTA

RDE DER SÆNGER-
DEN 7ten JULI 1207
R HEIL: ELISABETH

Die Fresken von Moritz von Schwind zeigen aus der Geschichte der Wartburg den sagenumwobenen Sängerkrieg. — Der Festsaal im Palas mit seiner reichen Ausstattung gehört mit dem Landgrafenzimmer, dem Sängersaal, der Lutherstube und der Elisabethenkemenate zu den geschichtsträchtigsten Räumen der Burg. Hier versammelten sich im Oktober 1817, zum 4. Jahrestag der Völkerschlacht bei Leipzig, Studenten von elf deutschen Universitäten, um Einigkeit und Freiheit für ein einziges deutsches Vaterland zu fordern.

The 19th century frescoes by Moritz von Schwind depict episodes from the history of the Wartburg. — From a historical point of view, the most interesting rooms in the Wartburg are the richly decorated Banqueting Hall, the Landgrave's Hall, the Minstrels' Hall, Luther's chamber and St Elisabeth's apartments. It was in the Banqueting Hall that in 1817, on the fourth anniversary of the Battle of Leipzig, students from eleven German universities congregated to demand that the fragmented lands of Germany should become a single, free and united country.

Les fresques que Moritz von Schwind réalisa au XIVe siècle illustrent des événements qui se passèrent au château. — La salle des fêtes richement décorée, la salle du landgrave, la «Sängersaal» nommée d'après le titre de l'épopée légendaire, le logis de Luther et l'appartement des femmes où vécut Sainte Elisabeth évoquent la riche histoire du château. En octobre 1817, à l'occasion du IVe anniversaire de la victoire sur Napoléon près de Leipzig, une assemblée d'étudiants venus de onze universités se réunit ici pour réclamer un seul Etat allemand uni et libre.

Im ältesten Teil der Wartburg, dem spätromanischen Palas, auch Landgrafenhaus genannt, lebte die ungarische Königstochter Elisabeth, die 1221 den Landgrafen Ludwig IV. ehelichte. Sie opferte sich für Arme und Kranke auf. Sehenswert ist die Elisabethenkemenate, die im neobyzantinischen Stil von Prof. August Oetken aus Glasmosaiken (1902-06) erschaffen wurde, sowie die Elisabethengalerie, die 1854/55 von Moritz von Schwind mit einem Freskenzyklus die Geschichte der Wartburg, des Sängerkrieges und der Elisabeth-Legende darstellt.

The oldest part of the Wartburg is the Late Romanesque Great Hall, or Landgrave's house. Here lived Elisabeth, the daughter of the King of Hungary, who married Landgrave Ludwig IV in 1221 and devoted her life to the care of the poor and sick. The so-called Elisabeth Chamber, decorated in neo-Byzantine style from 1902-6 with glass mosaics by August Oetken, is well worth a visit, as is the Elisabeth Gallery, with a cycle of frescoes by Moritz von Schwind depicting the history of the Wartburg, the minstrel's contest and the Legend of St Elisabeth.

Dans la partie la plus ancienne de la Wartburg, bâtie en style roman tardif, et appelée « Landgrafenhaus », vivait Elisabeth, fille du roi de Hongrie, qui épousa en 1221 le landgrave Louis IV, et se dévoua aux pauvres et aux malades. Ses anciens appartements appelés « Elisabethenkemenate » sont décorés de mosaïques de verre de style néo-byzantin réalisées par August Oetken de 1902 à1906. Dans la galerie Elisabeth, un cycle de fresques peintes en 1854/55 par Moritz von Schwind raconte l'histoire de la Wartburg, la guerre des chanteurs et la légende d'Elisabeth.

△ Stadtblick mit dem Schloss (vorn)

▽ Blick zur Georgenkirche – Taufkirche von Johann Sebastian Bach

▽ Marktplatz, Brunnen mit St. Georg dem Drachentöter und das Rathaus

Die Stadt gründete sich zur gleichen Zeit wie die über ihr thronende Wartburg. „Pfaffennest und geistlicher Stapelort" spottete Martin Luther, der hier von 1498 bis 1501 die Lateinschule besuchte und dessen Denkmal bei der Nikolaikirche und dem Nikolaitor 1895 aufgestellt wurde. Die Stadt besitzt ein Fritz-Reuter- und ein Richard-Wagner-Museum, sowie im Stadtschloss eine der bedeutendsten Porzellan-Sammlungen Thüringens. Ende des 19. Jahrhunderts hielt die Industrie mit dem Automobilbau Einzug.

Eisenach was founded at the same time as the nearby Wartburg, which still dominates the view. "A nest of parsons and a religious warehouse" was Luther's uncomplimentary verdict on Eisenach. He attended the Latin School here from 1498 to 1501, and four centuries later, in 1895, a monument to the great reformer was erected between St Nicholas's church and the St Nicholas gateway. Visitors to Eisenach should not miss seeing the Richard Wagner museum and at the palace one of Thuringia's finest porcelain collections.

Eisenach, siège des landgraves de Thuringe, fut fondée à la même époque que le château de la Wartburg qui domine la ville. Luther y fréquenta l'école de latin dans sa jeunesse, de 1498 à 1501. Son monument se dresse près de l'église Saint-Nicolas et de la porte Saint-Nicolas depuis 1895. La ville abrite le musée Fritz-Reuter, le musée Richard-Wagner et une des plus belles collections de porcelaine de Thuringe dans les châteaux. Elle devint également un fief de l'industrie automobile à la fin du XIXe siècle.

EISENACH, Bachhaus mit neuem Anbau und Foyer/ Bach House and the part of the museum / Maison et la nouvelle partie du musée

Im Zentrum der Stadt, am Frauenplan, steht das Bachhaus. Es ist weltweit das erste und damit zugleich älteste Museum, welches an den großen Johann Sebastian Bach erinnert. Vermutlich wurde Bach am 21. März 1685 als siebter Sprössling des Stadtpfeifers Bach hier geboren. Bis zu seinem 10. Lebensjahr wuchs er in diesem Haus auf. Seit Mai 2007 ist die Ausstellungsfläche über Bachs Musikleben mit einem angebauten preisgekrönten Neubau erweitert worden, die einen noch interessanteren Einblick in das Musikleben Bachs vermittelt.

In the centre of the town, at the Frauenplan, stands the Bach House. It is a memorial to Johann Sebastian Bach, who was born in Eisenach on 21 March 1685, the eighth child of the town musician Ambrosius Bach. He lived in this house up to his tenth year. Since 2007, the exhibition area devoted to Bach's musical life has been expanded with a prize-winning new extension that gives an even more interesting insight into Bach's achievements as a musician and composer.

La maison Bach se dresse près du Frauenplan au centre-ville. Elle rappelle le célèbre Jean-Sébastien Bach qui naquit à Eisenach le 21 mars 1685, septième enfant du musicien Bach. I grandit dans cette maison jusqu'à l'âge de dix ans. Depuis mai 2007, aux surfaces d'exposition dédiées à la vie de Bach a été ajouté un nouvel édifice primé qui agrandit encore le tour d'horizon captivant de l'œuvre du grand musicien.

Die Innenräume der Bach-Gedenkstätte vermitteln die Wohnverhältnisse zu Bachs Zeiten und enthalten eine wertvolle Sammlung historischer Musikinstrumente. An der südlichen Hangseite schließt sich ein reizvoll begrünter Hof an. Das Bachdenkmal vor dem Gebäude schuf Adolf von Donndorf im Jahre 1884. Zur Besichtigung des Bachhauses gehört unbedingt ein Musikvortrag im Instrumentensaal, bei dem die alten Instrumente zum Leben erweckt werden. Die Räume sind mit Möbeln aus der Bachzeit ausgestattet.

The interior of the house conveys an excellent impression of everyday living conditions during Bachs time and also contains a valuable collection of historical musical instruments. On the slope on south side of the house there is a charming leafy courtyard. The Bach monument which stands in front of the house was designed by Adolf von Donndorf and dates from 1884. An absolute must for visitors to Bach's house is a musical demonstration in the instrument hall, where historic instruments are once again brought to life. The rooms contain furniture dating from the time of Bach.

L'intérieur de la demeure évoque le mode de vie à l'époque de Bach et renferme une collection précieuse d'instruments de musique anciens. Une ferme pittoresque jouxte la maison sur le côté sud. Le monument de Bach qui se dresse devant l'édifice a été sculpté par Adolf von Donndorf en 1884. Un concert faisant revivre les instruments anciens, dans la salle des Instruments, fait absolument partie d'une visite de la maison de Bach. Le mobilier des pièces est également de l'époque de Jean-Sébastien Bach.

△ Musikzimmer ▽ Schlafzimmer Gartenhaus ▷

„Sommergewinn" – Fest in Eisenach

Der Sommergewinn, Thüringens größtes Frühlingsfest, wird jedes Jahr am Samstag, drei Wochen vor Ostern, mit einem bunten Umzug begangen. Schon seit über 100 Jahren bewegt sich der Festzug aus diesem Anlass durch die Stadt. In einem öffentlichen Rededuell auf dem Marktplatz „besiegt" Frau Sunna, die in prächtigen Gewändern dargestellt ist, den Winter, der symbolisch als Strohpuppe anschließend verbrannt wird. Drei Tage lang herrscht in Eisenach ausgelassene Festtagsstimmung.

Sommergewinn Festival, Eisenach

The „Sommergewinn" festival, the largest springtime fair in Thuringia, is celebrated every year on the third Saturday before Easter with a colourful pageant. For over one hundred years, this day has been the occasion of a festive parade through the town. In a verbal sparring match in the market place, Frau Sunna, dressed in splendid garments, publicly defeats winter in the form of a straw figure, which is subsequently burned. For three days Eisenach celebrates "Sommergewinn" in high spirits and holiday mood.

Fête du printemps à Eisenach

Le « Sommergewinnfest », plus grande fête annuelle du printemps de Thuringe, commence toujours le samedi 3 semaines avant Pâques, par un cortège folklorique. Depuis plus de cent ans, ce cortège coloré parcourt les rues d'Eisenach. Dans un duel de paroles qui se tient sur la place du marché, la « mère Sunna », parée de ses plus beaux atours, remporte la victoire sur l'hiver, représenté symboliquement par une poupée de paille qui sera ensuite brûlée. Toute la ville est en liesse durant les trois jours que dure la fête.

Vor wenigen Jahren noch als Hanjörgfest gefeiert, lädt der Eisenacher Gewerbeverein nun jährlich im Mai zu einer neuen Veranstaltung unter dem Motto „Eisenach macht mobil" ein. Ein ganzes Wochenende präsentiert sich die gesamte Stadt Eisenach von ihrer besten Seite und bietet ein bunt gemischtes Programm für Groß und Klein. Für die musikalische Unterstützung sorgen zahlreiche Musikbands auf der eigens dafür aufgebauten Bühne und auf den Straßen Eisenachs. Für das leibliche Wohl mit Thüringer Spezialitäten wird ebenfalls bestens gesorgt.

A few years ago it was known as the Hanjörgfest, but now the Eisenach Trade Association invites visitors to a thoroughly transformed annual festival in May that has been rechristened "Eisenach macht mobil" and whose theme is mobility. For a whole weekend Eisenach shows itself to full advantage, offering a colourful programme to suit young and old. Numerous bands provide musical accompaniment in the streets and also on an especially constructed stage. There are ample refreshments too, with local Thuringia specialities catering for all tastes.

Tous les ans, en mai, l'association des commerçants d'Eisenach invitent à une manifestation sous la devise « Eisenach en marche », qui a remplacé la fête Junker Jörg, célébrée il y a encore peu d'années. Pendant tout un week-end, Eisenach se présente sous son meilleur jour et offre un programme très diversifié pour petits et grands. Sur des podiums ou dans les rues, de nombreux groupes musicaux de tous genres divertissent le public. Un peu partout, dans des stands de rue ou dans les brasseries, on peut déguster les spécialités de la Thuringe.

Jährlich im August finden in der Altstadt von Eisenach die mehrtägigen, historischen Luther-Festspiele statt. Aufwändige mittelalterlich gestaltete Markt- und Gauklerszenen bringen dem Besucher die Geschichte um den Reformator Luther näher. Gleichzeitig fühlt man sich zwischen den Ablasshändlern, Wahrsagern, Narren, Rittern und Mönchen in eine einzigartige mittelalterliche Welt versetzt. Höhepunkt der Festlichkeiten ist ein großer Historien-Umzug am Sonntag, der sich durch eine große Freilichtinszenierung um die Kreuzkirche fortsetzt.

Every year for several days in August the historic Martin Luther pageant is held in the Old Town of Eisenach. Here visitors can learn more about the life and times of the religious reformer against an imaginatively organised backdrop of medieval markets and scenes of street entertainers. Surrounded by sellers of indulgences, fortune tellers, fools, knights and monks, you feel yourself transported to a bygone world. On Sunday, the festivities culminate in a great historical parade with an ensuing open-air theatre production round the Kreuzkirche.

Le festival de Luther, qui s'étend sur plusieurs jours, se déroule dans la partie historique (Altstadt) d'Eisenach. Des scènes de marché médiévales et des spectacles de bateleurs transportent le public à l'époque du réformateur Luther. Entre vendeurs de lettres d'indulgence, cartomanciennes, fous, moines et chevaliers, on croit vraiment se retrouver au Moyen-Âge. Le point d'orgue du festival est un grand cortège historique le dimanche qui s'achève dans un superbe spectacle de théâtre en plein air autour de l'église Kreuzkirche.

Die Villa liegt am Fuße der Wartburg im Helltal und ist im Neorenaissance-Stil erbaut. Hier verbrachte der niederdeutsche Dichter Dr. Fritz Reuter (1810–1874), der die bekannten Werke „Läuschen un Riemels" oder auch „Hanne Nüte un de lütte Pudel" verfasste, seine letzten Lebensjahre. Die angeschlossene Richard-Wagner-Ausstellung umfasst rund 6000 Bände sowie über 200 Briefe und Handschriften. Zweifellos die wichtigste und umfangreichste Sammlung über Leben und Werk Richard Wagners.

This villa, which stands in the Helltal at the foot of the Wartburg, was built in Neo-Renaissance style. It was here that the poet Fritz Reuter (1810–1874), the author of well-known works in Low German dialect such as "Läuschen un Riemels" and "Hanne Nüte un de lütte Pudel", spent his last years. Immediately adjacent is a Richard Wagner exhibition with a collection of about 6000 books and about 200 letters and manuscripts. This is without doubt the most important and extensive collection devoted to the life and work of Wagner.

Bâtie en style néo-Renaissance, la villa se dresse au pied de la Wartburg dans la vallée de l'Helltal. C'est ici que le poète Fritz Reuter (1810–1874) écrivit ses œuvres majeures en bas-allemand et vécut jusqu'à sa mort. La villa abrite également le musée Richard-Wagner qui compte quelque 6 000 ouvrages et plus de 200 lettres et écrits manuscrits. Cette vaste collection est sans aucun doute la plus importante en Allemagne sur la vie et l'œuvre du célèbre compositeur.

CREUZBURG, Burganlage

Die romanische Creuzburg hoch über der gleichnamigen Kleinstadt wirkt durch ihre wuchtigen Bauten und Mauern wie eine Festung. Dort schenkte die Heilige Elisabeth 1222 ihrem einzigen Sohn Hermann II. das Leben. Auf der Burg erwarten den Besucher ein Museum mit mittelalterlichem Gerät, eine Töpferwerkstatt und ein gruseliger Folterkeller. Seit 2008 hat man zudem die Möglichkeit, im neu eröffneten Hotel-Restaurant das mittelalterliche Flair auf sich wirken zu lassen. Im Tal fließt die Werra, überspannt von einer siebenbogigen Steinbrücke, erbaut 1223.

Creuzburg, the castle

With its massive edifices and defences, the Romanesque Creuzburg, set high above the small town of the same name, looks more like a fortress than a castle. It was here in 1222 that Saint Elisabeth gave birth to her only son, Hermann II. In the castle itself, a museum with medieval implements, a pottery workshop and a gruesome Chamber of Horrors await visitors. Since 2008 guests have also been able to enjoy the medieval flair of the newly opened hotel restaurant. In the valley below, the River Werra is spanned by a seven-arched stone bridge of 1223.

Creuzburg, château

Surplombant la petite ville éponyme, Creuzburg ressemble à une forteresse avec ses murailles et ses imposants bâtiments construits à l'époque romane. C'est ici que sainte Elisabeth donna naissance à son fils unique Hermann II en 1222. Le château abrite un musée médiéval, un atelier de poterie et une chambre des tortures qui donnera des frissons aux visiteurs. Ouvert en 2008, un hôtel-restaurant accueille les convives dans une ambiance médiévale. Dehors, la Werra coule au fond de la vallée, sous un pont de pierre à sept arches datant de 1223.

Die schattendunkle Schlucht mit ihren überhängenden Felswänden ist 1 Kilometer lang und teilweise nur 50 Zentimeter breit. Der Sage nach hat dort ein böser Drache gehaust, der vom Hl. Georg besiegt wurde, dessen Denkmal über dem Marktbrunnen von Eisenach thront. An den feuchten Felsenwänden der Schlucht wuchern Moose, Farne und Flechten. Die Schlucht wurde ab 1832 begehbar gemacht, in dem man einen Bohlenweg über den tosenden Bach baute, der als Wanderweg hinter der Drachenschlucht hinauf zum Aussichtspunkt „Hohe Sonne" am Rennsteig führt.

This dark, shadowy ravine with its overhanging crags is one kilometre long and in parts only fifty centimetres wide. According to legend, this was the home of an evil dragon vanquished by St George, and a monument to the saint still crowns the market fountain in Eisenach. Moss, ferns and lichens proliferate on the dank walls of the gorge. There was no footpath here till 1832, when a boardwalk was constructed over the turbulent stream. This serves as a hiking trail leading from the end of the ravine to the 'Hohe Sonne' viewpoint on the Rennsteig.

La gorge sombre, aux hautes parois rocheuses, est longue d'un kilomètre et large d'à peine 50 centimètres à certains endroits. Selon une légende, saint George vainquit un dragon malfaisant qui vivait dans la Drachenschlucht, d'où son nom. Une statue du saint trône sur la fontaine de la place du marché d'Eisenach. Mousses, lichens et bruyères poussent dans l'étroite gorge rendue accessible en 1832 après la construction d'un chemin de madriers le long du torrent. La gorge passée, le chemin grimpe jusqu'au point de vue « Hohe Sonne » au Rennsteig.

Romantisch verklärt sind die Geschichten um die Hörselberge. Es handelt sich um einen zerklüfteten Kalkfelskamm. Seltene Tier- und Pflanzenarten, wie Orchideen und Wacholderheide, sowie Fledermaus- und Schmetterlingsarten sind in den Kalkmagerrasen-Biotopen heimisch. Sagen und Märchen wurden um die Kalkwände gewoben – die Tannhäuserhöhle inspirierte Richard Wagner zu seiner Tannhäuser-Oper und in der Venushöhle lebte der Sage nach „Frau Holle". Im gemütlichen Berggasthaus „Großer Hörselberg" erwarten den Wanderer Thüringer Spezialitäten.

The Horselberge region is a high-lying landscape of jagged limestone ridges. Here, amidst the windswept grassland biotopes, can be found unusual fauna and flora such as rare species of bats and butterflies and rare plants like orchids and heath juniper. The tales woven round this craggy scenery are imbued with romance and mystery. In the Tannhäuser cave Wagner found inspiration for his eponymous opera, and according to legend, Mother Hulda lived in the Venus Cave. Hikers can sample local specialities in the "Grosser Hörselberg".

Romantiques à souhait sont les légendes qui entourent le Hörselberg, une crête déchiquetée de roche calcaire. Des biotopes dans les zones fertiles de l'endroit abritent une faune et une flore rares comprenant orchidées et genévriers, chauves-souris et papillons de diverses variétés. Le paysage calcaire a inspiré maints contes et légendes. Richard Wagner a immortalisé la grotte de Tannhäuser dans son célèbres opéra. Personnage de conte, la « mère Holle » aurait vécu dans la grotte de Vénus. Plus prosaïque, l'auberge « Großer Hörselberg » offre sa cuisine régionale aux randonneurs.

Als „oppidum Saltza" ließ Kaiser Otto IV. 1212 die Niederlassung befestigen. Der mittelalterliche Stadtkern um Markt, Kornmarkt und Bonifaciuskirche ist gut erhalten. Die Stadt, die im Thüringer Becken gelegen ist, entwickelte sich durch Handel mit Färberwaid zu einem bedeutenden wirtschaftlichen Zentrum. Die Entdeckung der Schwefelheilquellen im Jahre 1811, führte die Stadt 1956 zu dem Zusatz „Bad". In einem der schönsten Gebäude am Markt wurde der Arzt Christoph Wilhelm Hufeland geboren.

Bad Langensalza was an important settlement in medieval times. That is why Emperor Otto IV had strong defences built around the town in 1212. Parts of the walls still stand, and the medieval town centre around the market-place, the Corn Market and the church of St Boniface have also been well preserved. Bad Langensalza, situated in the lowlands of Thuringia, flourished as a trading centre, and until the discovery of indigo was famed for its production of the blue dye extracted from the woad plant. In 1956 it became a recognized health resort.

«Oppidum Saltza» est le nom que prit la localité après que l'empereur Otton IVe l'avait faite fortifier en 1212. Le coeur médiéval de la ville, très bien conservé, englobe la place du Marché, le Marché au Blé (Kornmarkt) et l'église Saint-Boniface. Située dans le bassin de Thuringe, la ville devint un centre économique important grâce au commerce du pastel. Depuis 1956, elle est une ville thermale en raison de ses sources d'eau sulfurées. Christoph Hufeland, médecin de Goethe et Schiller, est né dans une des splendides maisons la place du marché.

BAD LANGENSALZA

Das bezaubernde Friederikenschlösschen wurde um 1750 im Auftrag der Herzogin-Witwe Friederike von Sachsen-Weißenfels im Rokokostil erbaut. In der Nähe liegt der wunderschöne Rosengarten mit der Orangerie, den Brunnenhäuschen sowie dem Kavaliershäuschen, wo man auf einer herrlichen Kaffeeterrasse die Umgebung genießen kann. Ein besonderes Erlebnis stellt der Besuch des neu errichteten Japanischen Gartens dar. Der „Garten der Glückseeligkeit" bildet mit seinen kunstvoll gestalteten Wasserlandschaften eine Oase der Ruhe und Harmonie.

BAD LANGENSALZA

The enchanting Friederikenschlösschen was built in Rococo style around 1750 by order of the widowed Duchess Friederike von Sachsen-Weissenfels. Nearby there is a magnificent rose garden with an orangerie, a little well-house and the so-called cavalier's cottage, where you can relax and admire your surroundings from the attractive terrace café. The Japanese garden is a new feature that offers visitors an experience of a special kind. Here the Garden of Bliss, with its artistically designed waterscapes, creates an oasis of peace and harmony.

BAD LANGENSALZA

Friederike von Sachsen-Weißenfels, veuve du grand-duc, fit construire le charmant château de style rococo vers 1750. Tout près, on peut visiter la magnifique roseraie avec l'Orangerie et le pavillon de la Fontaine, puis prendre un café à la terrasse du pavillon du Cavalier en savourant le paysage. Récemment aménagé, le jardin japonais offre une expérience unique. Avec ses créations artistiques, mariant eau et végétation, le « Jardin de la Béatitude » est une véritable oasis de paix et d'harmonie.

Thüringer Waldbahn

Ein besonderes Erlebnis ist die Fahrt mit der Thüringer Waldbahn, die auf einer der schönsten Überlandbahnstrecken Deutschlands verkehrt. Die 65 km/h schnelle, elektrisch betriebene Bahn, mit 1 Meter Spurbreite, verbindet seit 1929 die Orte Gotha, Friedrichroda und Tabarz und macht heute noch mehr als 20 planmäßige Fahrten täglich, wobei auch Sonderfahrten auf Anfrage angeboten werden. Die Endhaltestelle Tabarz erreicht man nach 21,7 km in circa einer Stunde.

The Thuringia Forest Line

Visitors can enjoy a very special experience on the Thuringia Forest Line, which is one of the most attractive long-distance tram routes in Germany. Travelling at 65 km an hour on one-metre-wide tracks, the trams have provided a speedy connection between Gotha, Friedrichroda and Tabarz since 1929. Today they make over twenty scheduled journeys every day, whereby individual excursions are also available on request. It takes about an hour to cover the 21.7 kilometres to the terminus at Tabarz.

Thüringer Waldbahn /train

Aucun visiteur ne devrait manquer une excursion avec le Thüringer Waldbahn, ce train électrique qui parcourt un des plus beaux trajets ferroviaires d'Allemagne à une vitesse de 65 km/h, sur une voie large d'un mètre. Depuis 1929, il relie les localités Gotha, Friedrichroda et Tabarz, et fait aujourd'hui encore plus de 20 allers-retours réguliers par jour. La ligne propose également des sorties spéciales à la demande. On atteint le terminus à Tabarz en une heure environ, après un parcours de 21,7 kilomètres.

Schöne Bürgerhäuser, die sorgfältig restauriert wurden, umsäumen den Hauptmarkt, auf dem sich eines der schönsten Rathäuser Thüringens befindet. Der Renaissancebau von 1567–1577 war ursprünglich ein Kaufmannshaus, später einige Zeit ein Herzogensitz, bevor das Schloss gebaut wurde. In Gotha wurden die Grundlagen für das Feuer- und Lebensversicherungswesen in Deutschland durch die Gothaer-Versicherung in den zwanziger Jahren des 19. Jahrhunderts geschaffen.

Gotha traces its origins to an eighth-century village named Gotaha. The main market place is surrounded by attractive and carefully restored old burghers' houses. Here too stands the town hall, one of the finest in Thuringia. It is a work of the Renaissance, built between 1567 and 1577, and served originally as a merchant's house. Later it became a ducal palace until the rulers of Gotha built their own residence, Schloss Friedenstein.

De magnifiques maisons patriciennes admirablement restaurées entourent la place du Marché dominée par un des plus beaux hôtels de ville de Thuringe. L'édifice de style Renaissance, bâti de 1567 à 1577, fut d'abord la demeure d'un marchand, puis plus tard celle d'un duc avant la construction de son château. C'est ici que fut fondée la première compagnie d'assurances contre le feu dans les années vingt du siècle dernier.

„Nicht reichlich Einnahmen, sondern sparsames Ausgeben macht reich." Nach dieser Devise regierte Herzog Ernst I. (genannt der Fromme), der das Schloss Friedenstein von 1643 bis 1654 erbauen ließ – die größte frühbarocke Schlossanlage Deutschlands. Es handelt sich um eine Dreiflügelanlage mit zwei Ecktürmen, die einstmals über 365 Räume verfügt haben soll. Im Westeckturm befindet sich das berühmte historische Ekhof-Theater, in dessen imposanter Kulisse heute noch historische Aufführungen mit originaler Bühnentechnik in Szene gesetzt werden.

"Wealth springs not from large income but from small outlay" – that was the ruling principle of Duke Ernst I of Saxe-Weimar, named Ernst the Pious. Yet it was Duke Ernst who, between 1643 and 1654, built the imposing Schloss Friedenstein.This is a three-winged building with two corner towers. It is said that there were once more than 365 rooms here in all. The west corner tower houses the famous old Ekhof Theatre, and historic productions are still staged in these imposing surroundings, with the use of original theatre machinery.

«On devient riche, non pas en accumulant les profits, mais en dépensant avec parcimonie.» C'est selon cette devise que régna le duc Ernst Ier (dit le Pieux), appartenant à la lignée Saxe-Weimar. Il fit construire le château de Friedenstein entre 1643 et 1654. Il s'agit d'un ensemble à trois ailes, pourvu de deux tours d'angle, qui aurait compris autrefois plus de 365 pièces. La tour d'angle orientale abrite le célèbre théâtre historique Ekhof ; aujourd'hui encore, les techniques de scènes d'origine sont utilisées pour les représentations historiques jouées dans son décor imposant.

Zu den kostbaren Sammlungen des Schlosses gehören das „Gothaer Liebespaar" (Bild u. r.) vom Meister des Amsterdamer Kabinetts (um 1484), und die Kunstkammerbestände. Die um 1747 von Gottfried Heinrich Krohne geschaffene Orangerie wird derzeit restauriert und der Bestand an exotischen Pflanzen wieder aufgebaut. Alljährlich Ende August wird auf Schloss Friedenstein ein pompöses Barockfest gefeiert, in dem seine Hochfürstliche Durchlaucht Herzog Friedrich III. mit seinem Hofstaat die Lustbarkeiten einer fürstlichen Residenz darstellt.

In the priceless collections of the palace can be found masterpieces such as the „Gotha Lovers" (below right) by Master of the Amsterdam Kabinett, dating from about 1484, and the pieces of the chamber of arts. The Orangerie, built around 1747 by Gottfried Heinrich Krohne is undergoing restoration and the stock of exotic plants will be rebuilt. Every year at the end of August, a lavish Baroque Festival is celebrated in Schloss Friedenstein, with scenes of his Serene Highness Duke Friedrich III and his courtiers indulging in aristocratic revelries.

Les précieuses collections du château comptent « Les amants de Gotha » (image en bas à droite), du maître d'Amsterdam Kabinett (vers 1484), ainsi que la collection Cranach, et les morceaux de la chambre des arts. L'Orangerie, bâtie vers 1747 par Gottfried Heinrich Krohne, et est actuellement en cours de restauration, et le stock de plantes exotiques seront reconstruits. Chaque année, en août, le château de Friedenstein organise une magnifique fête baroque au cours de laquelle son Altesse le grand-duc Frédéric III, entouré de sa cour, une résidence princière.

△ Barockfest im Schlosshof

△ Barockgesellschaft mit dem Kurfürst

▽ Orangerie

▽ Gemälde: "Liebespaar"

Mittelpunkt zahlreicher höfischer Prunkfeste war der reich geschmückte, barocke Festsaal des Schlosses, der 1684–1686 von dem italienischen Stuckateur Giovanni Caroveri ausgestattet wurde, von dem die prachtvolle Decke aus vollplastischem Stuck stammt, die reich mit Figuren, Frucht- und Blumengirlanden geschmückt ist. Vollendet wurde der Saal von den beiden kurbrandenburgischen Brüdern Samuel und Johann Peter Rust im Jahr 1696. Heute dient der Festsaal unter anderem als Ambiente für klangvolle Kammerkonzerte und interessante Ausstellungen.

The centre of the numerous grandiose court festivals was the palace's sumptuously decorated Baroque ballroom, whose design was carried out from 1684 to 1686 by the Italian stucco master Giovanni Caroveri. His work includes the superb ceiling of sculptured plasterwork, richly embellished with figures and garlands of fruit and flowers. The stucco was completed in 1696 by two brothers from Brandenburg, Samuel and Johann Peter Rust. Today the ballroom provides a setting for various events such as chamber concerts and interesting exhibitions.

Les fêtes opulentes se déroulaient pour la plupart dans la salle de réception baroque du château. De 1684 à 1686, Le stucateur italien Giovanni Caroveri réalisa les riches décorations de la salle, notamment celles du plafond somptueux orné de figures et de guirlandes de fruits et de fleurs. L'aménagement de la salle fut achevé en 1696 par les deux frères Samuel et Johan Peter Rust, originaires du Brandebourg. Aujourd'hui, cette magnifique salle des fêtes accueille des concerts de musique de chambre et des expositions choisies.

„DIE DREI GLEICHEN" in der Nähe von Arnstadt △ MÜHLBURG und BURG GLEICHEN ▽ MÜHLBURG

Wie Vorposten des Thüringer Waldes heben sich die drei Bergkegel mit ihren Burgen aus der Thüringer Landschaft heraus: Die „Drei Gleichen", die sich nicht gleichen. Die Veste Wachsenburg, die ein Hotel betreibt, die Ruinen Mühlburg und Gleichen, die mit der Sagenwelt Thüringens eng verbunden sind – so z.B. mit dem Grafen Gleichen, der gleichzeitig zwei Frauen haben durfte. Der thüringische Schriftsteller Ludwig Bechstein schrieb über dieses faszinierende Burgenensemble: „Hier liegt vom Buche Thüringen eine der herrlichsten Stellen vor uns aufgeschlagen."

The unmistakable sight of these three conical hills is all topped by castles, they look like miniature outposts of the Thuringian Forest, the gently undulating lowlands of the Thuringian basin. Although they are known as the Three Equals, they are by no means all alike. The 10th century Wachsenburg was restored in the 19th century, while the far older Mühlburg fell into disrepair in the 18th century. The last, Burg Gleichen is closely connected with local legends like that of the disreputable Count Gleichen, who is said to have kept two wives.

Tels des avants-postes de la forêt de Thuringe, les trois collines surmontées d'un château s'élèvent sur un versant du bassin de Thuringe. Les «Trois Gleichen», nom donné aux châteaux dans la langue populaire, regroupent la Wachsenburg aujourd'hui transformée en hôtel et les vestiges de la Mühlburg et du Gleichen. Le château de Gleichen est particulièrement lié aux légendes de la Thuringe dont un des héros est le comte Gleichen qui avait le droit d'avoir deux épouses.

ARNSTADT, Bachkirche

In einer Chronik steht der Satz: „Thüringen besuchen und Arnstadt nicht sehen gleicht einer verlorenen Reise." Die Stadt ist die älteste Thüringens und hat sich im Kern ihr mittelalterliches Antlitz bewahrt. Stolz nennt sie sich „Bachstadt", da Johann Sebastian Bach hier von 1703 bis 1707 als Organist tätig war. Allein von 1620 bis 1792 wurden siebzehn Mitglieder der Familie Bach hier geboren. Diese Präsenz wird jedes Jahr mit dem Bach-Festival gefeiert. Arnstadts größte Sehenswürdigkeit, die der Stadt Weltruhm eingebracht hat, ist die Puppensammlung „Mon plaisir".

ARNSTADT, Bach´s church

In an old chronicle it is said that, "To visit Thuringia and not see Arnstadt is a waste of a journey." Arnstadt is the oldest town in Thuringia and in the centre it has preserved its medieval character. Arnstadt is naturally proud of its connections with Johann Sebastian Bach, who was organist here from 1703 to 1707. In fact the connection with the Bach family goes even further back, for seventeen of its members were born here between 1620 and 1792. A highlight of any visit to Arnstadt must be the "Mon Plaisir" doll collection.

ARNSTADT, église de Bach

Dans une chronique, on peut lire: «Visiter la Thuringe sans voir Arnstadt est un voyage perdu.» La plus ancienne ville de Thuringe a conservé sa physionomie médiévale et vaut vraiment une visite. Elle se nomme avec fierté la «ville de Bach» car l'illustre compositeur y travailla en tant qu'organiste de 1703 à 1707. Dix-sept membres de la famille de Jean-Sébastien Bach naquirent à Arnstadt entre 1620 et 1792. La curiosité principale de la ville est la célèbre collection de poupées «Mon plaisir» qui a acquis une réputation mondiale.

Eines der schönsten Barockschlösser Thüringens ist das Schloss Molsdorf. Es liegt in der Nähe von Erfurt. Hier lebte der Kunstmäzen Gustav Adolf Reichsgraf von Gotter, der 1733 das schlichte Gebäude erwarb und von dem Baumeister G. H. Krohne zu einem bemerkenswerten Schloss im Barockstil umbauen ließ. An die einstmals prächtige barocke Gartenanlage erinnern die Lindenallee und ein schmiedeeisernes Tor. Als beliebtes Ausflugsziel lädt das Schloss zu Konzerten im stilvollen Festsaal ein und für das leibliche Wohl sorgt ein gemütliches Cafe-Restaurant.

Schloss Molsdorf, near Erfurt, is one of Thuringia's finest Baroque palaces. It was once the home of Gustav Adolf Reichsgraf von Gotter, a patron of the arts, who purchased what was a simple building in 1733 and commissioned the architect G. H. Krohne to convert it to a splendid Baroque palace. All that remains of the once beautiful Baroque garden is an avenue of lime trees and a wrought-iron gateway. Today the palace is a popular place for outings. Concerts are held in the stylish ballroom and a cosy café-restaurant provides meals and refreshments.

Situé près d'Erfurt, Molsdorf est un des plus beaux châteaux baroques de Thuringe. En 1733, le comte d'Empire Gustav Adolf von Gotter, mécène des arts, acquit un modeste édifice qu'il fit transformer en un superbe château baroque par l'architecte G. H. Krohne. L'allée de tilleuls et le portail de fer forgé rappellent l'ancienne somptuosité des jardins qui étaient également baroques. But d'excursion très apprécié, le château invite à des concerts dans sa jolie salle des fêtes et à goûter les spécialités de la région dans son café-restaurant convivial.

„Bilderbuch der deutschen Geschichte", so hat Arnold Zweig die Stadt Erfurt genannt. Im Mittelalter wurde sie als „Erfordia turrita" – das turmgekrönte Erfurt – bezeichnet. Zeitweise besaß die Stadt, die auf eine Bistumsgründung von Bonifatius im Jahre 742 n.Chr. zurückgeht, 36 Pfarrkirchen und 15 Klöster. Davon ist bis heute ein nicht geringer Teil erhalten geblieben. Der Mariendom und die Severikirche auf dem Domberg bilden die Wahrzeichen der heutigen Landeshauptstadt von Thüringen.

"A picture-book of German history" is how the author Arnold Zweig described the city of Erfurt. Founded around a small farming community by the great English bishop and missionary St Boniface in 742, the new diocese of Erfurt rapidly rose to power in the Middle Ages. It was a religious centre, a town of churches, "Erfordia turrita", tower-capped Erfurt, which at one time boasted thirty-six parish churches and fifteen monasteries. Erfurt is now the capital of the state of Thuringia.

L'écrivain Arnold Zweig a appelé Erfurt: «Le livre d'images de l'histoire allemande». Au moyen-âge, on la nommait «Erfordia turrita» – Erfurt couronnée de tours. La ville fut fondée autour d'un évêché créé en 742 après Jésus-Christ par Boniface, archevêque de Mayence. A une époque, elle posséda 36 églises paroissiales et 15 cloîtres dont plusieurs sont encore conservés de nos jours. La cathédrale et l'église St-Séveri sont les symboles de la capitale actuelle de la Thuringe.

Die Baugeschichte des Erfurter Doms St. Marien reicht bis ins 8. Jahrhundert zurück. Erst 1465 wurde das Bauwerk fertig gestellt. Im mittleren Domturm hängt die Königin der Glocken „Gloriosa", die 1479 gegossen wurde. Um diese Glocke ranken sich Mythen und Sagen. So soll der Teufel seine Hand im Spiel gehabt haben, weshalb sie mehrfach zerstört und neu gegossen werden musste. Der inzwischen sanierte barocke Hochaltar entstand zwischen 1697 und 1707.

The architectural history of the Cathedral of St Mary in Erfurt dates back as far as the 8th century, though the edifice was not completed until 1465. In the belfry of the central tower hangs Gloriosa, the queen of the cathedral bells, first cast in 1479. Many legends surround this great bell, which was destroyed and newly cast many times, and the devil is said to have played a part in its history. The Baroque high altar, constructed between 1697 and 1707, has recently been restored.

L'histoire de la construction de la cathédrale Notre-Dame d'Erfurt remonte au VIIIe siècle. L'édifice ne fut achevé qu'en 1465. La reine des cloches « Gloriosa », fondue en 1479, est suspendue dans la tour centrale de la cathédrale. De nombreux mythes et légendes entourent cette cloche qui fut détruite et refondue plusieurs fois, à cause de la malfaisance du diable, selon la croyance populaire. Aujourd'hui rénové, le maître-autel baroque fut construit entre 1697 et 1707.

ERFURTER DOM, Chor mit Altar

Als einer der schönsten und größten Altäre Thüringens gilt der monumentale 16,5 Meter hohe barocke Hochalter, der sich im Hohen Chor des Erfurter Doms einfügt. Im Zuge der Gegenreformation wurde er errichtet, vermutlich um den Triumph des Mainzer Erzbischofs über das evangelische Erfurt darzustellen. Bis heute lässt sich nicht klären, wer das eindrucksvolle Werk erschaffen hat. Die im Altar eingefassten Gemälde können je nach Kirchenfest ausgewechselt werden, zwei der Altarbilder stammen von dem Erfurter Maler Jakob Samuel Beck (1715-1778).

ERFURT Cathedral, chancel and Altar

The monumental 16.5-metre-high Baroque High Altar in the chancel of Erfurt cathedral is regarded as one of the largest and most beautiful altars in Thuringia. It was erected during the course of the Counter-Reformation, supposedly to demonstrate the victory of the Archbishop of Mainz over the Protestant city of Erfurt. The creator of this impressive work has not been identified to this day. The paintings of the altarpiece can be changed around in accordance with the liturgical year. Two are the work of the Erfurt painter Jakob Samuel Beck (1715-78).

ERFURT Cathédrale, chœur et autel

D'une hauteur de 16,5 m, le maître-autel baroque monumental qui se dresse devant le choeur de la cathédrale d'Erfurt, est un des plus beaux et des plus imposants de Thuringe. Il fut érigé à l'époque de la contre-réforme, sans doute pour souligner le triomphe de l'archevêque de Mayence sur Erfurt qui était protestante. On ignore qui a réalisé cet ouvrage remarquable dont on peut changer les peintures selon les fêtes religieuses. Deux des tableaux d'autel sont dus à Jakob Samuel Beck (1715-1778), artiste d'Erfurt.

Das „Haus zum Breiten Herd", eines der schönsten Bürgerhäuser der Stadt, wurde 1584 mit einer reich verzierten Renaissancefassade im Auftrag des Stadtvogtes und Ratsmeisters Heinrich von Denstedt errichtet. Inspiriert durch Arbeiten des Malers Frans Floris sind an der Fassade im ersten Stock die fünf Sinne – Sehen, Hören, Riechen, Schmecken, Fühlen – plastisch dargestellt. Der farbenfrohe Fries setzt sich im benachbarten Gildehaus „Zum Stötzel" mit der Darstellung der vier Haupttugenden Gerechtigkeit, Klugheit, Mut und Mäßigung fort.

The "Haus zum Breiten Herd", with its richly ornamented Renaissance facade, is one of the finest mansions in the town. It was built in 1584, on the orders of Heinrich von Denstedt, governor and chief councillor of Erfurt. The facade on the first floor shows a vivid depiction of the five senses – sight, hearing, smell, taste and touch – inspired by the work of the painter Frans Floris. A continuation of the colourful frieze, on the adjacent house "Zum Stötzel", illustrates the four prime virtues of justice, wisdom, courage and moderation.

« Haus zum Breiten Herd » (maison du grand fourneau), une des plus belles demeures patriciennes de la ville, fut érigée avec une façade Renaissance en 1584 par le bailli Heinrich von Denstedt. Inspiré par les travaux du peintre Frans Floris, il fit représenter les cinq sens – voir, entendre, sentir, goûter et toucher – en reliefs au premier niveau de l'édifice. Les frises colorées se poursuivent sur la maison des Guildes voisine appelée « Zum Stötzel » ; elles figurent les quatre vertus principales : rectitude, discernement, courage et modestie.

Am Fischmarkt in Erfurt steht das historische Rathaus, dessen Ursprünge bis ins 11. Jahrhundert zurückreichen. Sein heutiges Aussehen erhielt es im Jahr 1869 im Stil der Neugotik. Der im Rathaus befindliche Festsaal wurde durch den Historienmaler Johann Peter Theodor Janssen gestaltet. Die von ihm erschaffenen Bilder zeigen die Erfurter Geschichte. Ebenfalls reich bemalt sind die Treppenhäuser die für jedermann zugänglich sind und Szenen aus der Faust- und Tannhäusersage darstellen. Diese Werke stammen von Eduard Kämpffer 1889/96.

In the Fischmarkt stands Erfurt's historic Town Hall, whose origins date back to the 11th century. It owes its present aspect to the alterations of 1869, when it was refurbished in Neo-Gothic style. The wall paintings in the Great Hall, by the 19th century historical painter Johann Peter Theodor Janssen, depict various figures and events in Erfurt's history. There are also murals in the stairwell, which is open to the public. They illustrate scenes from the Faust and Tannhäuser legends, and were painted by Eduard Kämpffer between 1889 and 1896.

L'hôtel de ville historique d'Erfurt, dont l'histoire remonte au XIe siècle, se dresse au Fischmarkt (marché aux poissons). L'édifice reçut son aspect actuel en style néogothique en 1869. Les décorations de la salle de réception de l'hôtel de ville sont dues au peintre de scènes historiques Johann Peter Theodor Janssen. Ses tableaux figurent l'histoire d'Erfurt. La cage d'escalier, également richement ornée de peintures, est accessible au public qui peut y admirer des scènes des récits de Faust et de Tannhäuser. Ces œuvres sont dues à Eduard Kämpffer (1889/96).

Eines der Wahrzeichen von Erfurt ist die Krämerbrücke, die längste durchgehende mit 32 Häusern bebaute und bewohnte Brücke Europas. Vorgängerbrücken aus Holz wurden 1325 durch eine Brücke aus Stein abgelöst, worauf schon zu Beginn Händler dort ihre Krambuden aufschlugen. Auf 120 Meter Länge überspannt die Brücke mit mehreren starken Sandsteinbögen beide Flussarme der Gera. Das seit 1975 stattfindende Krämerbrückenfest lädt jährlich am dritten Wochenende im Juni zu Narretei und Budenzauber in die malerische Altstadt Erfurts ein.

One of Erfurt's landmarks is the Krämerbrücke. It is the longest bridge of its kind in Europe, with timbered houses on each side in an unbroken row. All 32 are inhabited. After the first wooden bridges here were replaced by a stone bridge in 1325, traders set up their stalls along its length. The bridge is 120 metres long and its sturdy sandstone arches span both branches of the river. Since 1975 the annual Krämerbrücke festival, held on the third weekend in June, has attracted visitors with fun and festivities in Erfurt's picturesque Old Town.

Un des symboles d'Erfurt est le pont dit Krämerbrücke, le plus ancien pont habité d'Europe, avec 32 maisons. En 1325, le pont de bois antérieur était remplacé par un pont en pierre où des commerçants construisaient déjà leurs boutiques. Soutenu par plusieurs imposantes arches de grès, le pont franchit les deux bras de la rivière sur 120 mètres de longueur. Depuis 1975, le « Krämerbrückenfest » a lieu tous les ans, le troisième week-end de juin ; une joyeuse fête populaire qui remplit de liesse le pittoresque quartier historique d'Erfurt.

Kleine Synagoge
Toilette / WC
Der Kreiselmann vom Erzgebirge Der Kreiselmann
ZONE

Der zentrale Punkt Erfurts ist der Anger, der erstmals 1196 urkundlich erwähnt wird. Als Waid-Metropole erlangte der Platz im 14. bis 17. Jahrhundert große Bedeutung. Heute bildet er das größte Geschäftszentrum der Stadt, umrahmt von prachtvollen Gründerzeithäusern, und lädt zum ausgiebigen Flanieren und Shoppen ein. Der Besuch einer der Blaudruckwerkstätten, die noch nach altem Verfahren aus Färberwaid, (auch Deutsche Indigo-Pflanze genannt) ihre Stoffe herstellen, ist lohnend.

The Anger lies at the heart of Erfurt. The name, first recorded in 1196, originally meant common land. Later a woad market was held here, and the plant became a key source of the town's income from the 14th to 17th centuries. Today this plaza, encircled by splendid late 19th century mansions, is Erfurt's largest shopping centre, with modern malls and stores that make it an inviting area for leisurely shoppers and strollers. Don't forget to visit one of Erfurt's traditional textile printing workshops, which still dye fabrics with blue woad.

Le cœur d'Erfurt est l'Anger, mentionné pour la première fois par écrit en 1196. Métropole du pastel, l'endroit acquit une grande importance entre les XIVe et XVIIe siècles. Aujourd'hui, il constitue le principal centre commercial de la ville, bordé de superbes maisons du XIXe siècle, et invite au shopping et à la flânerie. Captivante est une visite dans un des ateliers d'impressions sur tissus, encore réalisées avec le colorant bleu de la plante pastel selon les procédés anciens. Ici, le pastel est aussi nommé indigo allemand.

Bis 1802 unterstand Erfurt dem Erzbistum Mainz. Ihre Bevollmächtigten residierten in der Statthalterei, einem prachtvollen Monumentalbau in der Altstadt, entstanden 1711 bis 1720. Der letzte kurmainzische Statthalter war Karl Theodor von Dalberg, über den sich Goethe lobend äußerte. Hier traf auch der Dichter im Jahr 1808 mit Napoleon zusammen. Das Gebäude ist heute Sitz des Ministerpräsidenten des Freistaates Thüringen.

Until 1802 Erfurt came under the jurisdiction of the diocese of Mainz, whose representatives lived in the monumental governor's residence, erected between 1711 and 1720. The central section and long west wing were designed in Baroque style. The last governor to represent Mainz was Karl Theodor von Dalberg, a liberal archbishop. He was a close friend of Goethe's. And it was here that Goethe met Napoleon in 1808. The building is now the seat of the Minister-President of Thuringia.

Erfurt fit partie de l'archevêché de Mayence jusqu'en 1802. Les envoyés épiscopaux résidaient au vicariat, un édifice somptueux dans la vieille-ville, érigé entre 1711 et 1720. Le corps de Bâtiment principal et l'aile occidentale sont en style baroque. Le dernier vicaire épiscopal fut Karl von Dalberg dont Goethe fit les louanges. C'est également dans cet édifice que le poète rencontra Napoléon le 2 octobre 1808. Le vicariat est aujourd'hui le siège du ministre-président de Thuringe.

Die 1290–1350 entstandene Kirche gehört dem angrenzenden Augustinerkloster in dem Luther 1505 als Mönch seine theologischen Studien aufnahm. — Weimars Weltruf begründeten seine Klassiker, die großen Vier: Goethe, Schiller, Herder und Wieland, welche den Begriff Weimarer Klassiker formten und die Vorstellung Weimars als Zentrum der deutschen Klassik und Hort des Humanismus. Goethe, der Mainfranke, nannte die Stadt ein Paradies. Lange war es ein unbedeutender Ort, obgleich in vorklassischer Zeit Lucas Cranach d. Ä. und J. S. Bach hier gewirkt haben.

The Augustinian church was built between 1290 and 1350 as part of the adjacent Augustine monastery. Here Luther began his theological studies as a monk in 1505. — If Weimar is famous world-wide, it is mainly due to its connection with the Germany's four greatest classical authors: Goethe, Schiller, Herder and Wieland. For many years Weimar was no more than an overgrown village with a ducal residence, although both J. S. Bach and the great artist Lucas Cranach the Elder had once been active here.

L'église, bâtie de 1290 à 1350, fait partie du monastère des Augustins adjacent, où le moine Luther commença ses études de théologie en 1505. — La réputation mondiale de Weimar repose sur quatre grands auteurs classiques: Goethe, Schiller, Herder et Wieland. C'est à eux qu'on associe l'expression « Classiques de Weimar » et l'image de la ville en tant que centre du courant classique et humaniste allemand. La ville resta longtemps un endroit dépourvu d'importance, une « localité entre bourg et résidence seigneuriale » bien qu'elle eut compté des personnages illustres tels que Lucas Cranach.

Johann Gottfried von Herder

Johann Wolfgang von Goethe

Friedrich von Schiller

Christoph Martin von Wieland

Charlotte von Stein

Herzogin Anna Amalia von Sachsen

Herzog Carl August von Sachsen

Johann Peter Eckermann

Lucas Cranach d. Ä.

Franz Liszt

Johann Sebastian Bach

Clemens Wenzel Coudray

Weimars große Zeit begann mit Goethes Eintreffen am 7. November 1775. Der Herzog protegierte ihn. Auf Goethes Empfehlung wurde Clemens Wenzeslaus Coudray zum herzoglichen Oberbaudirektor berufen. Der Dichter nahm regen Anteil an der von der Herzoginwitwe Anna Amalia gepflegten Tafelrunde, von der es hieß: „Man geht mit ihnen um, als wären's Menschen wie unsereiner." Als Franz Liszt als Hofkapellmeister tätig war, sprach man von Weimars „silbernem Zeitalter". — Als Wahrzeichen der Stadt gilt das berühmte „Goethe-Schiller-Denkmal", des Bildhauers Ernst Rietschel (1857).

The beginning of the town's heyday can be traced to one day in history, for it was on November 7th, 1775 that the Goethe arrived in Weimar, as the protégé of the Duke of Weimar. It was on Goethe's recommendation that Clemens Wenzeslaus Coudray became court architect. The great poet also took a lively interest in the sophisticated literary salon of the Duke's widow Anna Amalia, of which it was said that she treated the participants as equals. — The town's best-known landmark is the famous "Goethe-Schiller memorial", erected in 1857.

L'âge d'or de la ville commença lorsque Goethe vint s'y installer le 7 novembre 1775. Goethe était un protégé du duc et c'est sur son instance que le souverain nomma Clemens Wenzeslaus Coudray administrateur général des ponts et chaussées. Par ailleurs, il fréquenta assidûment le salon d'Anna Amalia, veuve du duc. — La ville resta longtemps un endroit dépourvu d'importance, une «localité entre bourg et résidence seigneuriale» bien qu'elle eut compté des personnages illustres tels que Lucas Cranach.

Das ehemalige Fürstenhaus, in dem heute die Hochschule für Musik „Franz Liszt" untergebracht ist, spiegelt noch einen Abglanz der alten Residenzstadt wider. An der Ostseite des Platzes steht das ehemalige Grüne Schloss, das einmal die herzogliche Bibliothek beherbergte, der Goethe lange Zeit vorstand. Heute ist es die Zentralbibliothek der deutschen Klassik. Nach dem Brand im September 2004 ist die Herzogin-Anna-Amalia-Bibliothek anlässlich der 200-Jahrfeier der Namensgeberin seit dem Jahre 2007 wieder in voller Pracht zu sehen.

A visit to the former ducal residence, now the Franz Liszt Academy of Music, will give a pale reflection of what life was once like for an aristocrat in Weimar. Nearby is the 16th century "Green Palace", once the property of the Duke of Weimar. In 1761 the widowed Duchess Anna Amalia of Weimar began to convert the Green Palace into a library, which she made a public library in 1766. After the fire in September 2004 the library is restored to be seen again in full splendour until the 200 anniversary of the duchess Anna Amalia in the year 2007.

L'ancienne demeure princière qui abrite aujourd'hui le conservatoire «Franz Liszt» reflète l'éclat de la période glorieuse de Weimar. Le «Grünes Schloss» (château vert) se dresse sur le côté est de la place. L'édifice renfermait autrefois la bibliothèque ducale, fief de Goethe. Il est aujourd'hui la bibliothèque centrale. Après le feu en septembre 2004 la bibliothèque devra être revue jusqu'à l'anniversaire 200 de la duchesse Anna Amalia depuis l'année 2007, dans le plein splendour.

Zum Pflichtprogramm des Weimar-Besuchers gehört natürlich Goethes Wohnhaus am Frauenplan. Hatte der Dichter nicht selbst schon 1828 einladend zu einem Besuch ermuntert: „Warum stehen Sie davor, ist nicht Türe da und Tor? Kämen Sie getrost herein, würden wohl empfangen sein." Und heute sind es Tausende, die das geräumige Haus, das der Herzog dem Dichter schenkte, bewundern. Nicht minder ist der Besucher von dem kleinen Gartenhaus im Park an der Ilm begeistert. Hier verbrachte der junge Goethe die ersten Jahre in Weimar.

No visit to Weimar is complete without a look at Goethe's house in the Frauenplan. He lived here from 1782 on and twelve years later received the house as a present from the Duke of Weimar. In 1885 it was made into a museum, although it has since undergone extensive restoration. Today thousands of visitors stream daily through the doors of this roomy house at the heart of Weimar. Not far away, in the park on the river Ilm, stands Goethe's delightful summer house, likewise a present from the Duke.

La maison de Goethe au Frauenplan fait obligatoirement partie d'une visite à Weimar. D'ores et déjà en 1828, le poète invitait les gens à entrer: « Pourquoi restent-ils dehors? Il y a pourtant des portes et un portail. Ils seraient bien reçus s'ils les franchissaient». Aujourd'hui, des milliers de visiteurs viennent chaque jour admirer la vaste demeure que le duc Charles-Auguste offrit à Goethe. Mais ils s'enthousiasment autant devant le petit pavillon niché au fond du parc qui fut le premier logis du jeune Goethe à son arrivée à Weimar.

△ Schloss Belvedere bei Weimar ▽ Goethehaus am Frauenplan △ Schillerhaus ▽ Goethes Gartenhaus im Park an der Ilm

WEIMAR, Marktplatz

Der Weimarer Marktplatz ist für jeden Fotografen ein besonderer Leckerbissen. Noch um 1300 wurde er als Turnierplatz genutzt. Heute beginnt dort Weimars Fußgängerzone. Auf dem Marktplatz steht das Renaissance-Rathaus. Dort erklingt viermal täglich ein schönes Glockenspiel. Gegenüber liegt das Lucas-Cranach-Haus, in dem der Künstler (L. Cranach d. Ä.) sein letztes Lebensjahr verbrachte und ein Altarbild für die Stadtkirche begann. Nach seinem Tod vollendet sein Sohn Lucas Cranach d. J. das Bildnis. Diese Renaissance-Bauten gehören zum Weltkulturerbe.

WEIMAR, Market square

Weimar's market place is a photographer's delight. It was first laid out in 1300 and at one time was used for tournaments. Today it is a lively pedestrian zone. The Renaissance Town Hall in the market place has a melodious carillon that rings out four times daily. Next door is the Lucas Cranach Haus, once the home of Lucas Cranach the Elder, who spent the last year of his life here. He died before his altar painting for the town church was finished, and it was completed by his son Lucas Cranach the Younger. These Renaissance buildings have been designated a World Heritage Site.

WEIMAR, la place du Marché

Outre la pittoresque place du Marché, Weimar compte de nombreux endroits ravissants dont le parc de Tiefurt qui abrite l'ancienne résidence d'été de la duchesse Anna Amalia et le Belvédère avec son château baroque. L'hôtel de ville Renaissance se dresse sur la place du marché, et fait entendre un joyeux carillon quatre fois par jour. Dans la maison voisine, Lucas Cranach l'Ancien vécut sa dernière année et commença une tableau d'autel pour l'église de la ville, qui fut achevé par son fils Lucas Cranach le Jeune. L'ensemble d'édifices Renaissance est inscrit au patrimoine culturel mondial.

◁ **WEIMAR, Lucas-Cranach-Haus**

WASSERBURG KAPELLENDORF

Zum Schutz ihrer Handelswege ließ die Stadt Erfurt die im 12. Jahrhundert errichtete Wasserburg Kapellendorf ausbauen. So wurden in drei der fünf Ecktürme Kanonen aufgestellt. Die im Städtedreieck von Weimar-Apolda-Jena gelegene umfangreiche Anlage mit dem Sockel des alten Bergfrieds und der mächtigen Kemenate im Burgkern gilt als eine der besterhaltenen mittelalterlichen Festungsbauten. 1806 erfüllte sie noch einmal militärische Aufgaben als Hauptquartier der preußischen Truppen im napoleonischen Krieg.

KAPELLENDORF MOATED CASTLE

The moated castle of Wasserburg traces its beginnings to the 12th century. Later it was taken over by the town of Erfurt to protect the city's trade routes. For this reason three of the five corner towers were provided with cannons. The extensive grounds of Kapellendorf lie at the centre of a triangle of neighbouring towns Weimar, Apolda and Jena. The castle's ancient keep and the large apartments are still intact. In 1806 it briefly resumed a military role, for it served as the headquarters of the Prussian troops during the Napoleonic wars.

LE CHATEAU DE KAPELLENDORF

Erigé au XIIe siècle, le château de Kapellendorf fut fortifié ultérieurement pour protéger les routes marchandes passant à Erfurt. Les canons installés dans trois des cinq tours d'angle datent de cette période. Le vaste complexe, est un des châteaux-forts les mieux conservés d'Allemagne. La base de l'ancien donjon et le corps principal abritant les habitations datent de l'époque médiévale. En 1806, Kapellendorf retrouva brièvement une fonction militaire lorsqu'il devint un quartier-général des troupes prussiennes lors des guerres napoléoniennes.

JENA, Stadt u. Optische-Werke-Jena

Jena ist die Wiege der feinmechanisch-optischen Industrie und der Glasindustrie. Carl Zeiss, Ernst Abbe und Otto Schott ist es zu verdanken, dass die in Jena gefertigten wissenschaftlichen Präzisionsgeräte Weltruhm erlangten. Das Zusammenwirken von Wissenschaft und Technik bestimmte die Entwicklung der Stadt bis in unsere Zeit. Die 1182 erstmals urkundlich erwähnte Stadt Jena liegt im Talkessel der mittleren Saale. Mit der im Jahr 1554 gegründeten Universität, an der Friedrich Schiller lehrte und 1934 nach ihm benannt wurde.

JENA, City center and the Jenoptik

Jena is also regarded as the cradle of the glass industry and the precision-engineered optical industry. Thanks to the pioneering work of Carl Zeiss, Ernst Abbe and Otto Schott, precision instruments manufactured in Jena have become world famous, and the collaboration between science and technology has proved a decisive factor in the growth of Jena until our own time. The town of Jena was first recorded in documents of 1182. It lies in a valley of the central Saale. Friedrich Schiller lectured at the university, which was founded in 1554, and it was named after him in 1934.

IÉNA, la ville et le optique l'industrie

Iéna est également le berceau de l'industrie du verre et de l'optique. La ville est aujourd'hui mondialement connue pour sa fabrication d'appareils de haute précision, grâce aux grands industriels et précurseurs Carl Zeiss, Ernst Abbe et Otto Schott. La collaboration de la science et de la technique a déterminé le développement de la ville jusqu'à nos jours. Mentionnée pour la première fois dans un document de 1182, Iéna s'étend dans la vallée encaissée du cours moyen de la Saale. Fondée en 1554, l'université où enseigna Friedrich von Schiller porte le nom du grand écrivain depuis 1934.

Das hohe Doppelwalmdach über dem massigen Körper des 1377–1380 entstandenen Jenaer Rathauses ist Ausdruck erwachenden stadtbürgerlichen Selbstbewusstseins, das Zoll, Münze und Gerichtsbarkeit in die Hand nahm. Beinahe spielerisch wirkt dagegen der barocke Turmbau an der Marktseite. Er entstand 1755 und zeigt eine spätgotische Kunstuhr mit einem Figurenspiel, das mit dem Glockenschlag einen Pilger mit goldenem Apfel und die volkstümliche Figur des „Schnapphans" in Bewegung setzt.

The high double hipped roof that tops the massive building of Jena town hall dates from 1377-1380. The town hall is an expression of its times, showing the determination of local citizens to take Jena's legal, financial and administrative affairs into their own hands. Compared with the town hall, the Baroque tower in the market place has a far less serious aspect. It was built in 1755 and is embellished with a Late Gothic clock with moving figures.

Un double toit en croupe couronne le corps massif de l'hôtel de ville de Iéna, érigé entre 1377 et 1380. L'édifice majestueux témoigne de la fierté civique des habitants qui prirent la douane, le frappage des monnaies et la juridiction de leur ville entre leurs mains. A côté de l'hôtel de ville, la tour baroque sur la place du Marché a une apparence presque ludique, une horloge de style gothique (1755) tardif avec des figures mobiles. Lorsque les heures sonnent, un pèlerin portant une pomme en or et un personnage du folklore local appelé « Schnapphans ».

Von der Aussichtsplattform des heutigen Jentowers (ehem. Uniturm), in dem sich auch ein Restaurant befindet, hat man einen eindrucksvollen Ausblick über die Stadt Jena. Der Turm ist mit seinen 159,6 Metern Höhe und seinen 31 Geschossen einer der höchsten Türme Deutschlands. Unweit vom Turm liegt die Goethe-Galerie, die in einmaliger Bauweise die Goethestraße, mit einer eindrucksvollen Glas- und Stahlkonstruktion überspannt. Die über 80 Geschäfte und Restaurants laden zum Shoppen ein und um mit Goethe zu sagen „....verweile doch, Du bist so schön!"

From the observation platform of the present-day Jentower (formerly the university tower), there is an impressive view over the town of Jena. The tower, which also contains a restaurant, stands 159,6 metres high and has 31 floors, making it one of the highest towers in Germany. Nearby is the Goethe Gallery, a unique construction of glass and steel that forms a striking arch over Goethestrasse below. With over 80 shops and restaurants, this is an inviting venue, reminding us of Goethe's plea to a happy moment "Ah, linger on, thou art so fair!"

Un panorama impressionnant sur la ville s'offre depuis la plateforme de Jentowers. qui abrite également un restaurant. Haute de 159,6 mètres et possédant 31 étages, la tour est une des plus élevées d'Allemagne. Non loin, se trouve la galerie Goethe, une architecture unique d'acier et de verre qui franchit la rue Goethe. Cette construction impressionnante abrite plus de 80 restaurants et magasins qui invitent au shopping et, pour suivre une invitation de Goethe : « ...attarde-toi, tu es si jolie ! »

Modernste Technik verbirgt sich hinter der silberglänzenden Kuppel der betriebsältesten Sternenwarte der Welt, welche 1926 eröffnet wurde. Auf einer Gesamtprojektionsfläche von 900 qm ist die Bewegung des Sternenhimmels zeit- und wetterunabhängig zu beobachten. Der künstliche Sternenhimmel wird auf die Innenseite der Kuppel projiziert. Seit 2006 besitzt das Planetarium als erstes Sternentheater in Europa eine Laser-Ganzkuppelprojektion. Das Restaurant „Bauersfeld" lädt zu kulinarischen Genüssen unter dem Sternenhimmel ein.

The gleaming silver dome of one of the world's oldest working observatories conceals a mass of state-of-the-art technology. The planetarium, opened in 1926, has a total projection area of 900 square metres on which visitors can observe the movements of astronomical bodies independently of the time of day and weather conditions. The artificial night sky is projected on to the interior of the dome. In 2006 the planetarium became the first in Europe to use full-scale laser projection. The Bauersfeld restaurant offers fine food for hungry star-gazers.

Des techniques de pointe se cachent sous la coupole argentée du plus ancien observatoire en fonction du monde, inauguré en 1926. Sur une surface de projection de 900 m², on peut observer tout ce qui se passe dans le firmament, jour et nuit et sans être gêné par les intempéries. La voûte céleste artificielle est projetée sur la paroi intérieure de la coupole. Depuis 2006, le planétarium, premier théâtre astral d'Europe, possède une projection au laser sur toute la coupole. Le restaurant « Bauersfeld » invite à des plaisirs culinaires sous un ciel étoilé.

Thüringer Loreley wird die Felswand bei Dornburg genannt, von der aus drei Schlösser über das Saaletal blicken. Das nördlichste entstand 1521 auf den Mauern einer Burg aus dem 10. Jahrhundert. Auch das südliche Schloss wurde wenige Jahre später als reiner Renaissancebau errichtet. Eine architektonische Perle ist das mittlere, 1736–47 entstandene Rokokoschloss. Für Goethe war das südliche Schloss ein bevorzugter Ort. Ihm widmete er den Vers am Portal: „Freudig trete herein und froh entferne dich wieder."

Because of its precipitous slopes, the castle hill near Dornburg is sometimes called the Lorelei of Thuringia. Three palaces stand on its heights, all overlooking the valley of the river Saale. The northernmost was built in 1521 on the site of an earlier castle dating from the 10th century and displays a wide mixture of architectural styles. The palace to the south, which can be seen in the photo, was erected some years later in pure Renaissance style. The third palace of the group is an architectural treasure, a Rococo palace dating from 1736–47.

Le ravin couronné de trois châteaux qui se dresse au-dessus de la Saale près de Dornburg est parfois appelé la «Lorelei de Thuringe», une évocation du célèbre paysage de la Lorelei sur le Rhin. Le château situé au Nord fut construit en 1521 sur les fondations d'un fort du Xe siècle. Le château au Sud fut érigé quelques années plus tard dans le style Renaissance (photo). Le château du milieu date de 1736–47 et est une véritable merveille architecturale de la période baroque. Goethe appréciait surtout le château situé au Sud où il séjourna plusieurs fois.

△ Das Strohmann'sche Renaissanceschloss (1539) ▽ Das Rokokoschloss von 1747

EISENBERG, Rathaus und Schlosskirche / Town Hall and church / hôtel de ville et église

Die architektonische Geschlossenheit des Eisenberger Stadtkerns ist noch immer auffällig. Bemerkenswert sind die den Marktplatz umschließenden Bürgerhäuser aus dem 16.–18. Jahrhundert, sowie der hoch aufsteigende schlanke Turm des dreigeschossigen Rathauses. Die Schlosskirche St. Trinitatis wurde 1679-92 erbaut und von den Stuckateuren um Caroveri, Quadro und Tavilli üppig ausgeschmückt. Eine gelungene Symbiose stellt die architektonische Verbindung zwischen Altar, Kanzel und Orgel dar. Westlich von Eisenberg liegt die alte Töpferstadt Bürgel.

The architecture of the town centre of Eisenberg displays a stylistic unity that strikes the visitor even today. The mansions that encircle the market place date from the 16th to 18th centuries, as does the tall slender tower of the three-storeyed Town Hall. The palace church of St Trinitatis was built between 1679 and 1692 and lavishly decorated with stucco work by Caroveri, Quadro, Tavilli and their assistants. Together, altar, organ and pulpit constitute an outstandingly harmonic ensemble. West of Eisenberg is the old pottery town of Bürgel.

L'harmonie architecturale du centre d'Eisenberg est toujours aussi remarquable. Les maisons patriciennes bâties entre les XVIe et XVIIIe siècles, qui bordent la place du marché, et la tour élancée de l'hôtel de ville à trois étages constituent un tableau impressionnant. L'église du château St. Trinitatis fut érigée de 1679 à 1692 et richement décorée par les stucateurs Caroveri, Quadro et Tavilli. Très réussie est la symbiose architectonique entre l'autel, la chaire et l'orgue. Située à l'ouest d'Eisenberg, Bürgel, vieille ville de potiers, vaut également une visite.

GERA, Rathaus und Markt

Bürgerhäuser des 18. Jahrhundert mit ihren typischen Dächern, Durchgängen und Höfen prägen den Geraer Marktplatz, der vom Rathaus dominiert wird. Das Rathaus wurde 1450 neu aufgebaut und erhielt 1573-75 seine heutige Gestalt. Die Stadtapotheke entstand ebenfalls im 16. Jahrhundert als Eckbau mit prächtigem Runderker. Ein besonderes Erlebnis in Gera ist der Einstieg unter kundiger Führung in die Unterwelt. Die im 17. und 18. Jahrhundert entstandenen Höhlen unter der Altstadt, „Höhler" genannt, dienten seinerzeit zur Lagerung der Biere.

GERA, town hall and maket place

Gera first became an important town when Dutch Protestants started a flourishing textile industry here. The town hall of the present building dates from 1450 but the town hall gained its present aspect between 1573 and 1575, when it was partly rebuilt. The distinctive town pharmacy also dates from the 16th century. Gera offers visitors an attraction of a very special kind – a tour of the underworld with an expert guide. The "Höhler" are caves under the Old Town that date from the 17th and 18th centuries and were once used to store beer.

GERA, l'hôtel de ville, place du Marché

La place du Marché de Gera témoigne de l'ancienne prospérité de la ville avec ses riches demeures de marchands, construites au XVIIIe siècle et l'hôtel de ville érigé en 1450, mais qui reçut son aspect actuel entre 1573 et 1575. La pharmacie municipale dotée d'un superbe encorbellement, date également du XVIe siècle. Une visite guidée dans les entrailles de Gera offre une expérience unique. Les cavernes datant des XVIIe et XVIIIe siècles, qui se trouvent sous les quartiers de la Vieille-Ville, servaient autrefois à entreposer la bière.

Auf eine 1000-jährige Geschichte kann diese Stadt zurückblicken, die einst eine Kaiserpfalz war, in der Friedrich Barbarossa Hof hielt. Bis 1918 war sie die Residenz von Sachsen-Altenburg. Von dieser fürstlichen Macht vermittelt das mächtige Schloss, eines der größten in Thüringen, noch einen nachhaltigen Eindruck. Als ein Wahrzeichen der heute weithin durch die Spielkartenherstellung bekannten Ostthüringer Metropole gelten die roten Backsteintürme aus dem 12. Jahrhundert. Kunstinteressierte zieht es in das Lindenau-Museum.

The town of Altenburg, once an imperial residence in which Emperor Friedrich Barbarossa held court, can look back on one thousand years of history. Until 1918, the town was the residence of the playing-card production of Saxony-Altenburg, and even today the imposing castle, one of the largest in Thuringia, conveys a lasting impression of the might of its once powerful lords. One of the landmarks of this metropolis of eastern Thuringia is a group of brick towers known as the Red Spires, which date from the twelfth century.

Vieille de mille ans, Altenburg fut autrefois un fort impérial où l'empereur Frédéric Barberousse avait sa cour. Elle fut également la ville de résidence des princes de Saxe-Altenburg jusqu'en 1918 ainsi qu'en témoigne l'imposant château qui est un des plus grands de la Thuringe. Les «Roten Spitzen», un ensemble de tours en briques rouges (XIIe siécle), sont un des symboles de la capitale de la Thuringe orientale. Le musée Lindenau abrite d'intéressants objets d'art dont un admirable panneau peint de style Renaissance italienne.

Unweit von Altenburg liegt das Schloss Windischleuba, eine ehemalige Wasserburg aus dem 14. Jahrhundert mit zinnengeschmücktem Rundturm und Renaissance-Flügeln. Im Inneren blieben reizvolle Rokoko-Räume und auch spätere Ausstattungen erhalten. Namhafte Adelsfamilien, wie zum Beispiel die Familien von Lindenau/Zehmen und die Familien von der Gabelentz/Münchhausen, waren Besitzer des Schlosses. Bis nach dem Zweiten Weltkrieg bewohnte der Baladendichter, Schriftsteller und Lyriker Börries Freiherr von Münchhausen das Schloss.

Not far from Altenburg stands Schloss Windischleuba, a former moated castle dating from the fourteenth century, with a crenellated round tower and Renaissance wings. In the interior some delightful Rococo rooms and later furnishings have been preserved. The castle was once owned by such prominent titled families as those of Lindenau/Zehmen and von Gabelentz/Münchhausen. The branch of the Münchhausen family from which the famous baron came, the ballad poet Börries Münchhausen, lived in the castle of Windischleuba until after the Second World War.

Près d'Altenburg se dresse Windischleuba, un ancien château du XIVe siécle avec des douves, un donjon à créneaux et des ailes Renaissance. L'intérieur abrite de magnifiques salles aménagées en style baroque et autres styles ultérieurs. Le château fut la résidence de grandes familles nobles dont les Lindenau/Zehmen et les Gabelentz/Münchhausen. Le baron fanfaron de Münchhausen, dont les ballades sont restées dans la littérature allemande vécut jusqu'à la fin de la Seconde Guerre Mondiale.

Die an der Reußischen Fürstenstraße gelegene Stadt, die auf eine 800-jährige wechselvolle Geschichte zurückblicken kann, ist die älteste in der Ostthüringer Region und von großer historischer Bedeutung: Geht doch der Name „Vogtland" auf die Vögte von Weida zurück. Das Wahrzeichen der Stadt ist die Osterburg mit ihrem über 50 m hohen charakteristischen Turm. Mit nahezu 6 m starken Mauern ist der Turm einer der höchsten und auch ältesten in Deutschland. Von hier aus hat man eine herrliche Aussicht auf die Landschaft Ostthüringens.

The town, which stands on the Lords of Reuss Route, can look back on 800 years of turbulent history. It is the oldest town in the east Thuringia region and of great historical importance. The name Vogtland derives from the Vogt (or governor) of Weida. The town's most distinctive landmark is the stronghold of Osterburg. Its characteristic tower, over 50 metres high, and its almost six metre thick walls, it is one of the highest and also oldest ones in Germany. It is worth a visit for the wonderful view it provides over the attractive countryside of east Thuringia.

Située sur la «Route des princes de Reuss», la plus ancienne ville de la région orientale de la Thuringe a 800 ans d'histoire mouvementée à raconter. Son symbole est le château d'Osterburg, ancien siège des puissants prévôts de Weida. Dominé par un donjon de 50 m de haut et entouré de murs de 6 m d'épaisseur, l'édifice est un des plus anciens châteaux d'Allemagne. On découvre un panorama magnifique sur la campagne de Thuringe depuis le haut de la tour. Le musée installé dans le château retrace l'histoire de la ville.

Wie ein Schiff wiegt sich das Obere Schloss auf dem Burgberg, einst der Herrschaftssitz der Vögte und späteren Reußen. Greiz, im Talkessel der Weißen Elster gelegen, berührt die Grenze von Thüringen zu Sachsen und wird als „Perle des Vogtlandes" bezeichnet. Daran mag auch der schöne Park einen gewichtigen Anteil haben, der zu den attraktivsten Deutschlands gezählt wird. Dort befindet sich das Sommerpalais mit einer berühmten Kupferstichsammlung, die zweitwertvollste ihrer Art nach der des Britischen Museums in London.

There are two palaces in Greiz, the Upper and the Lower Palace. The Upper Palace, on a hill overlooking the town, was once the seat of the lords of Greiz. Greiz is a pretty town which lies on the border of the state of Thuringia, in the valley of the Weissen Elster (white magpie) and much of its charm can be attributed to the former summer residence, the Lower Castle, whose surrounding park is one of the most attractive ones in Germany. The Lower Castle is also worth a visit for its famous collection of engravings, second only to that of the British Museum in London.

Le château supérieur qui couronne une colline dominant la ville fut autrefois le siège des prévôts puis des princes de Reussen. La ville se niche dans la vallée de la «Weisse Elster» qui s'étend à la frontière de la Thuringe et de la Saxe. On la surnomme la «Perle du Vogtland» en raison de son charme mais surtout de son parc magnifique, un des plus beaux d'Allemagne. Il entoure le château inférieur, ancienne résidence d'été princière qui abrite une célèbre collection de gravures sur cuivre, la plus précieuse en son genre après celle du British Museum à Londres.

Die Bewohner von Zeulenroda haben eine antike Göttin zum Schutzengel bestellt: Themis, Gattin des Zeus und Inhaberin des Orakels von Delphi. Sie wacht in Zeulenroda auf dem Dach des Ratsgebäudes über Recht, Ordnung und Sitte. Das Rathaus wurde 1825–1827 als Signal für Wohlstand und als Zeichen der Selbstdarstellung der kleinen Textilmetropole neugebaut. Das dreigeschossige Gebäude stammt von Christian Heinrich Schopper, der 1819–1820 auch die Stadtkirche gebaut hat. Er prägte nachhaltig die klassizistische Bauweise der Stadt.

The inhabitants of Zeulenroda have a Greek goddess as their guardian angel. She is the Themis of antiquity, consort of Zeus and the mistress of the Delphic oracle. From the roof of the town hall she watches over the community, an embodiment of justice, tradition and virtue. The town hall dates from 1825–1827, and its design was an expression and outward sign of the prosperity of the little town, at that time a lively centre of the textile industry. The three-storied building was the work of Christian Heinrich Schopper, a local architect.

L'ange gardien des habitants de Zeulenroda est une déesse grecque: Thémis, épouse de Zeus et gardienne de l'oracle de Delphes. Depuis le toit de l'hôtel de ville, elle veille sur la communauté, symbole de justice, d'ordre et de vertu. L'hôtel de ville fut reconstruit en 1825–1827 pour témoigner de l'autonomie et de la prospérité de la petite ville qui était alors un centre important d'industrie textile. L'édifice à trois étages est une oeuvre de Christian Heinrich Schopper qui bâtit également l'église paroissiale en 1819–1820. C'est à lui que la ville doit sa physionomie néoclassique.

SCHLEIZ, Rathaus und Bergkirche

Das kleine Städtchen Schleiz, das heute zu den Schönheiten Ostthüringens zählt und durch die Reußische Fürstenstraße erreicht werden kann, ist in unserer Zeit vor allem durch die Schleizer-Dreieck-Motorrennstrecke in Deutschland bekannt geworden. Auch sonst lohnt sich ein Besuch: Am Alten Gymnasium erinnert eine Gedenktafel daran, dass dort Dr. Konrad Duden einmal Direktor war, der das nach ihm benannte Kompendium geschaffen hat. Ein Kleinod der Baukunst ist die berühmte Bergkirche, eine der schönsten Mitteldeutschlands.

SCHLEIZ, town hall and Bergkirche

The little town of Schleiz, which today is regarded as one of the most beautiful in eastern Thuringia, can be reached via the Reussische Fürstenstrasse (Lords of Reuss Route). In our time it has become famous for the motor-races held here. But it is worth visiting for other reasons too: At the old Grammar School there is a plaque in memory of one of its former headmasters, Dr Konrad Duden, the distinguished German lexicographer. The famous hilltop church, a jewel of ecclesiastical architecture, is one of the most beautiful ones in the whole region.

SCHLEIZ, hôtel de ville; Bergkirche

Située sur la «route des princes de Reuss», la petite ville de Schleiz est aujourd'hui un des plus agréables localités de la Thuringe orientale et lieu de départ de belles randonnées. Elle abrite plusieurs édifices intéressants dont le «Altes Gymnasium» (ancien lycée) dans lequel une plaque commémorative dédiée à Konrad Duden rappelle que l'auteur de la célèbre encyclopédie fut autrefois directeur de l'établissement. La «Bergkirche», véritable joyau architectural, est une des plus belles églises du centre de l'Allemagne.

Leben anno 1300 ist im Schloss Burgk möglich, dessen Anlage mit dem kleinen Örtchen Burgk auf einer Anhöhe über der Oberen Saale thront. Geprägt von den Einflüssen von Gotik bis Rokoko bietet das Schloss prachtvolle Räume, die einen eindrucksvollen Einblick in die Wohnkultur des Rokoko geben. Imposant ist das Prunkschlafzimmer. Zahlreiche Konzerte finden in der angrenzenden Schlosskapelle mit der herausragenden Silbermannorgel statt. Zu Spaß und „Kurzweyl" laden diverse Veranstaltungen über das ganze Jahr ein.

Schloss Burgk, which dates from the 14th century, stands in the tiny settlement of Burgk on a height above the upper reaches of the River Saale. The buildings display architectural influences ranging from Gothic to Rococo, and the splendid state rooms give visitors an impressive insight into the culture of Rococo interiors. An especially fine example is the magnificent bedchamber. Numerous concerts take place in the adjacent chapel, with its superb Silbermann organ. Various other events offer visitors amusement and enjoyment over the whole year.

Repartons en l'an 1300 au château de Burgk et son petit village éponyme qui trônent sur une hauteur au-dessus de la rivière Saale. De magnifiques salles de style gothiques à rococo donnent un aperçu captivant de la vie et l'habitat aux diverses époques. La chambre à coucher principale est superbe. De nombreux concerts ont lieu dans la chapelle du château qui renferme un orgue de Silberman. Durant toute l'année, diverses manifestations et réjouissances sont organisées au château.

Als läge Thüringen am Meer. Die Bleilochtalsperre ist mit einem Speichervolumen von 215 Millionen Kubikmeter Wasser (Stauhöhe 58 m) Deutschlands größter Stausee. Ihren Namen verdankt sie ihrer Lage zwischen den Bleibergen. Die von weitläufigen Waldflächen geprägte Landschaft um den See wird von Wanderern, Radfahrbegeisterten ebenso geschätzt, wie der ausladende See von den Wassersportlern. Das jährlich im August stattfindende Musikfestival Sonne-Mond-Sterne ist das Highlight für Freunde der elektronischen Musik.

Thuringia-on-sea? It almost looks so around Bleiloch reservoir, which with a storage capacity of 215 million cubic metres of water (stowage height 58 metres), is Germany's largest reservoir. The name derives from its location between the Bleibergen, or lead hills. The countryside around is dominated by extensive woodlands that are as valued by keen walkers and cyclists as the wide expanses of the lake are by water sports enthusiasts. The annual Sun, Moon and Stars festival in August is a highlight of the year for fans of electronic music.

La Thuringe est un pays d'eau. Avec un volume de 215 millions de mètres cubes d'eau (hauteur de 58 metres), le barrage de Bleilochtalsperre a le plus vaste lac de retenue d'Allemagne. Il doit son nom à sa situation entre les Bleibergen. Les vastes forêts autour du lac sont aussi appréciées des randonneurs à pied et à bicyclette que les eaux du lac des amateurs de sports aquatiques. Le festival de musique « Sonne-Mond-Sterne » (Soleil-Lune-Étoiles), qui se tient annuellement en août, est un rendez-vous majeur des fans de musique électronique.

Von welcher Seite man sich diesem kleinen Städtchen auch nähert, von weitem grüßt der „Alte Turm", der noch stehende Rest einer alten Burg aus dem 13. Jahrhundert. Im Park befindet sich ein barocker Pavillon, der zur erhaltenen gebliebenen Schlossanlage aus dem 18. Jahrhundert gehört. Der Ort entwickelte sich zum bedeutendsten Moorbad Thüringens, als man in der Nähe eisenhaltige Quellen und ein heilkräftiges Urmoor entdeckte.

No matter from which direction you approach this little town, you are greeted from far by the sight of the Alter Turm, or old tower, the only remains of a thirteenth-century castle that stood here long ago. In the park there stands a Baroque pavilion which was once part of the eighteenth-century palace grounds. After ferrous springs and a natural mud with therapeutic properties were discovered in Lobenstein, it developed into the most important health resort of its kind in Thuringia.

Une haute tour, vestige d'un ancien château du XIIIe siécle, salue de loin le visiteur qui s'approche de Lobenstein, quelle que soit la direction par laquelle il arrive. Le parc de la charmante ville abrite un pavillon baroque du XVIIIe siécle, élément conservé des aménagements du château. Lobenstein est devenue une station thermale réputée pour ses bains de boue lorsqu'on découvrit une source ferrugineuse et une boue aux vertus médicinales dans les environs.

Die Talsperren sind aber nicht nur reizvolle Elemente einer schönen Landschaft, sondern auch Wasserreservoire des Landes. Die Hohenwarte-Talsperre, dass so genannte „Thüringer Meer“, besteht aus mehreren gestauten Saalekaskaden, die sich etwa 80 Kilometer lang durch das wunderschöne Saaletal mit seinen steilen Hängen windet. Hier kommen auch Natur- und Sportbegeisterte auf ihre Kosten — . Schon Goethe gefiel der idyllische Ort Pößneck mit dem spätgotischen Rathaus am schrägen Marktplatz und die ausgeprägte Landschaft mit den schönen Herrschaftshäusern und Burgen.

The reservoirs pictured here are not only the main sources of drinking water in Thuringia, but also make their own picturesque contributions to the attractive landscape of the state. Bleiloch, on the upper reaches of the river Saale, was completed in 1932. The dam is 58 metres high, and with a capacity of 215 million cubic metres the reservoir is still the largest in Germany. — Goethe spoke highly of this idyllic little town. Its late Gothic town hall is set in an unusual, irregularly shaped market place and the distinctive landscape with its beautiful mansions and castles.

La Thuringe possède deux barrages importants qui ne constituent pas seulement des éléments attractifs du paysage, mais sont aussi les réservoirs d'eau de la région. Le barrage de Bleiloch fut édifié en 1932 sur le cours supérieur de la Saale. Il est le plus grand barrage d'Allemagne avec 215 millions de mètres cubes d'eaux de retenue. — Goethe appréciait beaucoup ce site magnifique formé par la place du Marché au contour oblique, l'hôtel de ville de style gothique tardif et le paysage avec les très beaux châteaux et de maisons.

▽ Barockschloss Brandenstein über dem Krölpatal bei Ranis

▽ Schloss Oppurg bei Pößneck (1768)

▽ Oppurg bei Pößneck, Schlossturm und Schlosseingang

Jede Fahrt durch das Thüringer Land ist auch eine Burgenfahrt. Auch die Burgen im mittleren Saaletal, die zu den ältesten Thüringens gehören, sind besungen worden, so Burg Ranis und die „Königin des Saaletales", die Leuchtenburg bei Kahla (um 1200). Sie war Amtssitz der Wettiner und ist heute ein beliebtes Ziel für Wanderer und Kulturinteressierte. Das Museum gibt Einblicke in die Burggeschichte, verfügt über eine sehr kostbare Porzellansammlung und demonstriert anschaulich mit dem Sträflingsbrunnen die qualvollen Bestrafungsmethoden mittelalterlicher Zeit.

Touring Thuringia means touring castles. Of the many celebrated examples, some of the oldest can be found in the Saale valley - Ranis castle, for instance, and Leuchtenburg near Kahla, the so-called queen of the Saale valley. Once the official seat of the Wettin dynasty, today it is a popular destination for walkers and those interested in culture. The museum provides an insight into the castle's history and also houses a priceless porcelain collection. The agonizing techniques of medieval punishment are clearly demonstrated in the so-called convict's well.

Chaque périple à travers le Thüringer Land équivaut à un «circuit des châteaux». Appartenant aux plus anciens édifices de Thuringe, les châteaux de la vallée moyenne de la Saale, ont maintes fois été chantés, notamment Burg Ranis et la Leuchtenburg près de Kahla, le «roi des châteaux du Saaletal» (dans 1200). Le château était siège d'administration des Wettiner et est aujourd'hui un but d'excursion très apprécié des randonneurs et des amateurs de culture. Le musée donne un aperçu de l'histoire du château, renferme une précieuse collection de porcelaines.

△ Leuchtenburg mit Blick in das Saaletal

△ Leuchtenburg – die Königin des Saaletales

▽ Mittelalterspektakel auf der Leuchtenburg ▽

Das Kloster wurde von der Tochter des kaiserlichen Truchsess Moricho gegründet. Nach der Überlieferung verirrte sich Paulina bei einer Reise durch das Gebiet, so dass sie mit ihrem Gefolge ihr Nachtlager in einer Hütte aufschlagen musste. Dort erschien ihr die Muttergottes und Paulina beschloss 1102 in dem schönen Rottenbachtal ein Kloster zu bauen. Leider erlebte Paulina die Fertigstellung des Klosters im Jahr 1124 nicht mehr. Die Klosterruine Paulinzella spiegelt auch heute noch als Ruine einen gewaltigen Eindruck romanischer Baukunst wider.

The convent was originally founded by Paulina, the daughter of Morio, the Imperial seneschal. According to legend, she lost her way while travelling through this region, so that she had to stop overnight in a hut with her entourage. Here she experienced a vision of the Virgin Mary, and in 1102 she decided to build a convent in the beautiful valley of Rottenbach. Unfortunately, she did not live to see the completion of the buildings in 1124. Even today, as a ruin, the convent of Paulinzella remains a powerful example of Romanesque architecture.

Le cloître fut fondé par la fille de l'écuyer impérial Moricho. Lors d'un voyage, Paulina se serait égarée dans la région et aurait été obligée de faire halte pour la nuit avec sa suite dans une cabane. Là, lui apparut la Vierge Marie. Paulina décida alors en 1202 de fonder un cloître dans la belle vallée du Rottenbachtal. Malheureusement elle était déjà morte quand le cloître fut achevé en 1124. Aujourd'hui, les vestiges impressionnants du Paulinzella évoquent l'art roman dans toute sa beauté imposante.

Das liebenswürdige Rudolstadt, 776 erstmalig urkundlich erwähnt, liegt inmitten der reizvollen Garten- und Waldlandschaft an Saale und Schwarza und empfiehlt sich als Ausgangspunkt für Wanderungen zum Thüringer Wald, nach Weimar und Jena oder Arnstadt und Ilmenau. Wilhelm von Humboldt zählte die Rudolstädter Gegend zu den „schönsten und schöneren Deutschlands". Schiller lernte hier seine Frau, Charlotte von Lengefeld, kennen und traf zum ersten Mal mit Goethe zusammen.

The delightful town of Rudolstadt, in 776 mentioned the first time, stands in the midst of a picturesque garden and woodland landscape on the rivers Saale and Schwarza and is an ideal spot from which you can start a walking tour, whether to the Thuringian forest, to Weimar and Jena or to Ilmenau. Wilhelm von Humboldt regarded the area around Rudolstadt as one of the most beautiful in all Germany and it was here that Schiller made the acquaintance of his future wife, Charlotte von Lengefeld, and met Goethe for the first time.

Rudolstadt s'étend au coeur des magnifiques paysages de forêts et de vergers des rivières Saale et Schwarza, première 776 fois mentionné. La jolie petite ville est le point de départ d'excursions vers le «Thüringer Wald», Weimar, Iéna, Ilmenau et Arnstadt. Les environs de Rudolstadt ont enchanté de nombreux personnages illustres. C'est ici que Schiller fit la connaissance de sa future épouse, Charlotte von Lengefeld, et rencontra Goethe pour la première fois.

In der Nähe von Rudolstadt liegt das Schloss Kochberg (um 1600), welches sich bis 1946 im Besitz der Familie von Stein befand. Das heutige Museum zeigt neben illustrierter Schlossgeschichte, Möbel und Kunstgegenstände der Charlotte von Stein, die an Goethes Besuche erinnern. Als ständige Residenz Rudolstadts begann 1571 der Bau der Heidecksburg zu einem repräsentativen Schloss. Nach einem Brand 1735 vollendete man den Neubau im Barockstil. Nach Plänen des Baumeisters Krohne schuf man die Innenräume und den eindrucksvollen Thronsaal.

Not far from Rudolstadt stands Schloss Kochberg, built around 1600. Till 1946 it was in the possession of the Von Stein family. In the present-day museum there is an exhibition of the mansion's history and a display of furniture and artworks once belonging to Charlotte von Stein, who often received her friend Goethe here. The great palace and ducal residence of Heidecksburg was begun in 1571. After a fire in 1735, it was partly rebuilt in Baroque style. The interior and the impressive throne room were designed by the master builder Krohne.

Près de Rudolstadt, se trouve le château de Kochberg (vers1600), jusqu'en 1946 propriété de la famille von Stein. Le musée actuel montre, outre l'histoire illustrée du château, des meubles et objets d'art de Charlotte von Stein, qui rappellent les visites de Goethe. En 1571 fut entreprise la construction du château de Heidecksburg après que Rudolstadt avait été choisie comme ville de résidence permanente. Il fut achevé en style baroque après un incendie en 1735. L'impressionnante salle du trône et les appartements furent construits selon des plans de l'architecte Krohne.

△ Schloss Kochberg mit Schlosspark und Liebhabertheater ▽ Folklorefestival auf der Kochburg △ Heidecksburg (Innenhof) – Thüringer Landesmuseum, Staatsarchiv – ▽ Thronsaal

„Steinerne Chronik Thüringens" hat man Saalfeld genannt, auch das „Eingangstor Thüringens". Sehenswert ist der Markt, Saalfelds „gute Stube", mit seinem Rathaus, den stattlichen Patrizierhäusern und dem mittelalterlichen Laubengang. Die spätromanische Marktapotheke gehört zu den architektonisch wertvollsten Bauten der Stadt. Die Burgruine des „Hohen Schwarms" zählte zur Stadtbefestigung; imponierend der altersgraue Steinblock mit den zwei schlanken Türmen.

Saalfeld's importance can be judged by the fact that it has been called "Thuringia's history written in stone" and also "the gateway to Thuringia". Visitors will want to see the market place with its Gothic town hall, stately patricians' houses and the medieval arbour. The market pharmacy is one of the most interest buildings in the town. The castle ruin of Hoher Schwarm, an ancient grey block of stone with two slender towers, was once part of the town's defences.

Saalfeld fut appelée la « Chronique écrite dans la pierre de la Thuringe » et la « Porte de la Thuringe ». Le cœur de la ville est formé de la place du Marché avec son hôtel de ville, ses maisons patriciennes et ses arcades médiévales. L'édifice abritant la pharmacie du marché, de style roman tardif, est un des plus beaux ouvrages architecturaux de la ville. Le « Hohen Schwarm », une paroi imposante surmontée de deux tours élancées est un vestige du château-fort qui s'intégrait dans l'enceinte fortifiée de la ville.

Eine Sehenswürdigkeit ersten Ranges sind die Tropfsteinhöhlen „Feengrotten", die aufgrund ihrer facettenreichen und eindrucksvollen Beschaffenheit sogar ins Guinness-Buch der Rekorde gelangten. Der Sage nach verhalfen die Feen mit ihren magischen Kräften zu dem unterirdischen, atmosphärischen Farbenspiel. Ins mittelalterliche Bergwerk kann man heute mit täglichen Führungen einfahren. Auch werden die heilenden Kräfte der Feengrottenluft zu einer Therapie (z. B. zur Allergiebehandlung) schon seit 1937 genutzt.

The limestone caves of the Fairy Grottoes are a first-class visitor attraction, and the complex and striking character of their structures has even earned them a place in the Guinness Book of Records. According to legend, this atmospheric subterranean world of form and colour was created by fairies with magical powers. Today you can explore the interior during daily tours of the medieval mines. The air is said to have healing properties, and since 1937 the caves have been used for therapeutic purposes, for instance in the treatment of allergies.

Les grottes de stalactites et stalagmites « Feengrotten » sont une curiosité remarquable, aux propriétés si uniques qu'elles sont entrées dans le livre des records Guinness. Selon la légende, grâce à leur pouvoir magique, des fées auraient aidé à créer les jeux de couleurs qui imprègnent l'atmosphère souterraine. Aujourd'hui, des visites guidées quotidiennes emmènent dans les anciennes mines médiévales. Depuis 1937, les vertus curatives de l'air des grottes des fées sont utilisées à des fins thérapeutiques, entre autres pour soigner les allergies.

Der Ort liegt stellenweise über 800 m hoch und zählt damit zu den höchstgelegenen auf dem Kamm des Thüringer Schiefergebirges im Rennsteig-Gebiet. Der Höhenwanderweg im Thüringer Wald bildet stellenweise die Hauptstraße der Stadt. Ausgedehnte Wälder reichen bis an die Stadt heran. Seit 1933 ist Neuhaus ein vielbesuchter Höhenluftkurort und attraktiver Wintersportplatz. Eng verknüpft mit der Geschichte des Ortes ist die Entwicklung der Glasindustrie, auch begann man hier sehr früh mit der Porzellanherstellung.

Parts of Neuhaus lie at a height of over 800 metres, thus making it the highest place on the ridge of the Thuringian Slate Hills. It is situated on the Rennsteig, which in parts serves as the main street of the town. Large expanses of surrounding woodland extend to the town itself. Since 1933 Neuhaus has been a popular high-altitude health resort and an attractive winter sports centre. Closely associated with the history of the town is the development of the glass industry, and there was also an early porcelain manufactory here.

Située à 800 métres d'altitude, Neuhaus est la plus haute localité de la crête de la «Thüringer Schiefergebirge» (Montagne d'ardoise de Thuringe). De vastes forêts s'étendent jusqu'à la lisière de la ville. Neuhaus est une station climatique et une station de sports d'hiver très fréquentée depuis 1933. L'histoire de la ville est étroitement liée au développement de l'industrie du verre. Des manufactures de porcelaine y furent également fondées très tôt. L'inventeur du four « Geissler », auquel il donna son nom, est né ici en 1815.

SONNEBERG, Rathaus, Deutsches Spielzeugmuseum

Am Südhang des Thüringer Waldes liegt Sonneberg, das bekannt wurde durch seine Spielzeugherstellung und wo im Zeitalter der Massenproduktion die Puppen immer noch in gediegener kunsthandwerklicher Art manuell gefertigt werden. Bis zum Ausbruch des Ersten Weltkrieges waren die Sonneberger Spielzeugfabrikanten stark am Welthandel beteiligt. 1910 bekam die Schaugruppe „Thüringer Kirmes“ auf der Brüsseler Weltausstellung eine hohe Auszeichnung. Im Spielzeugmuseum sind circa 100.000 Exponate aus aller Welt gesammelt.

SONNEBERG, Townhall German Toys Museum

On the southern slopes of the Thuringian forest stands Sonneberg, famous because of its toy-making industry. Until the outbreak of the First World War the Sonneberg toy manufacturers delivered their products all over the world. In 1910 Sonneberg toys were exhibited at the World Exhibition in Brussels in an assembly entitled "Thuringian Fair". Even in our days of mass production dolls are still produced here individually as high-quality craft products. The German Toy Museum in Sonneberg contains nearly 100,000 examples of toys from all over the world.

SONNEBERG, hôtel de ville, alleman jouet musée

Sonneberg qui s'étend sur le versant sud du «Thüringer Wald» (Forêt de Thuringe) est réputée pour son industrie du jouet, notamment pour ses poupées encore fabriquées par des artisans d'art. Les fabricants de jouets de Sonnenberg participèrent au commerce international jusqu'à la déclara-tion de la première guerre mondiale. Leurs oeuvres montrées sous le nom «Thüringer Kirmes» à l'exposition universelle de Bruxelles en 1910, obtinrent une haute récompense. Le musée du Jouet de la ville possède une collection de 100.000 pièces.

Das kleine Städtchen war einmal Residenz von Sachsen-Hildburghausen und ein Rest dieser fürstlichen Herrlichkeit ist ein schöner Park. Bis heute hat die Stadt ihr Geheimnis mit der so genannten „Dunkelgräfin“, die hier starb und eine Tochter von Ludwig XVI. gewesen sein soll. In der Welt aber wurde Hildburghausen freilich durch ein ganz anderes Ereignis bekannt: 1828 gründete der in Gotha geborene Joseph Meyer hier das Bibliographische Institut. In den Jahren von 1840 bis 1850 erschien erstmals „Das große Conversationslexikon für die gebildeten Stände“.

The little town of Hildburghausen was once the residence of the Saxe-Hildburghausen dynasty, and one relic of the town's aristocratic past is a pleasant park. Even today the town has it secret with the mysterious "Dark Countess" who died here and was said to be a daughter of Louis XVI. Hildburghausen has its own claims to fame, for in 1828 Josef Meyer founded his Bibliographical Institute here, a publishing house whose name is still well-known in Germany. In the years 1840-50 Meyer published a book entitled "A Dictionary of Conversation for the Educated Classes".

La petite ville qui fut résidence de la lignée Saxe-Hildburghausen a conservé un reste de son éclat passé dans son parc magnifique, son hôtel de ville remanié au XIVe siècle et deux églises imposantes dont la Christuskirche. Une des légendes de la ville raconte l'histoire de la « comtesse secrète » morte à Hildburghausen et qui aurait été une fille naturelle de Louis XVIe. Joseph Meyer fonda ici l'Institut bibliographique en 1828. La première édition du célèbre dictionnaire allemand parut entre 1840 et 1850.

△ Hildburghausen, Christuskirche

▽ Marktplatz mit Rathaus (1595)

△ Otto-Ludwig-Museum im Schloss Eisfeld

▽ Kloster Veßra gegründet 1130/31

Die Bertholdsburg, Wahrzeichen der Stadt Schleusingen und bis 1583 Sitz der Grafen von Henneberg, wurde zwischen 1226 und 1232 errichtet. Im Gegensatz zu anderen Burgen und Schlössern liegt sie mitten in der Stadt. Graf Berthold VII. von Henneberg ließ die Burg 1284 erweitern, nach ihm ist sie auch benannt. Von der 30 Meter hohen Galerie des Hauptturmes hat man einen besonders schönen Blick auf die einstige Residenzstadt. Heute ist Schleusingen beliebtes Ausflugsziel für Touristen und Ausgangspunkt zahlreicher Wanderwege in die waldreiche Umgebung.

The Bertholdsburg, landmark of the city Schleusingen and until 1583 seat of the counts of Henneberg, was constructed between 1226 and 1232. Unlike other castles, it is in the middle of the city. Count Berthold VII. from Henneberg had the castle extended in 1284; after that they also designated it. A beautifull view over the former residence city you have from the gallery of the main tower, which is 30 meters high. Today Schleusingen is a popular place of excursions for tourists and starting point of numerous hiking ways into the forest-rich environment.

La Bertholdsburg, symbole de Schleusingen et résidence des comtes de Hennenberg jusqu'en 1583, fut érigée entre 1226 et 1232. Contrairement aux autres châteaux forts, la Bertholdsburg se dresse au coeur de la ville. L'édifice doit son nom au comte Berthold de Hennenberg qui le fit agrandir en 1284. Un panorama splendide sur l'ancienne ville comtale s'offre depuis la galerie de la tour principale, située à 30 mètres de hauteur. Schleusingen est aujourd'hui un but d'excursion très apprécié et le point de départ de belles randonnées dans les forêts environnantes.

„Hoch auf dem gelben Wagen" möchte man zum Einzug nach Meiningen anstimmen – geschrieben hat dieses längst zum Volksgut gehörende Lied der Dichter Rudolf Baumbach, geboren in Kranichfeld bei Weimar und verstorben 1905 in Meiningen. Berühmt geworden ist die Stadt vor allem durch die Schauspielreform von Herzog Georg II. (1826–1914). „Die Meininger" traten mit ihrem modernen Regietheater in ganz Europa auf. Zeugen dieser großen Epoche, beispielhaft für eine humanistische Kunstpflege in Deutschland, sind in Schloss Elisabethenburg zu bewundern.

"Hoch auf dem gelben Wagen" is a catchy traditional German song composed by the poet Rudolf Baumbach, who was born in Kranichfeld near Weimar and died in Meiningen in 1905. High on a yellow waggon would indeed be a suitable way to enter Meiningen, a town long renowned for its theatrical traditions. As a result of the theatre reforms of Duke George II (1826–1914) the town's famous players performed throughout Europe. Relics of this great epoch, which was exemplary in its humanist encouragement of the arts in Germany, can be seen in the palace of Elisabethenburg.

Meiningen est connue dans l'Alle-magne entière grâce à une chanson populaire écrite par le poète Rudolf Baumbach, né à Kranichfeld près de Weimar et décédé à Meiningen en 1905. La ville est également célèbre pour la réforme du théâtre du duc Georg IIe (1826–1914). Les Meiningen firent des tournées dans toute l'Europe. On peut admirer des témoignages de cette époque exemplaire de l'art humaniste en Allemagne au château Elisabethenburg qui fut également résidence de la famille ducale jusqu'en 1918.

Dampflokomotive SAXONIA

Inspiriert durch das Vorbild der englischen Lokomotive Comet entwickelte der Ingenieur Johann Andreas Schubert 1838 die Lokomotive Saxonia, die erste funktionsfähige Dampflokomotive Deutschlands. Über den Verbleib der Original-Lok nach 1956 ist leider nichts bekannt, was die Deutsche Reichsbahn anlässlich des 150. Jahrestages der ersten deutschen Fernbahnstrecke veranlasste, die Saxonia 1988 originalgetreu nachzubauen. Heute im Besitz des DB-Museums München, wurde sie 2008 im Dampflokwerk Meiningen generalüberholt.

The steam locomotive "Saxonia"

In 1838, inspired by the example of the English "Comet", the engineer Johann Andreas Schubert built a locomotive that he named "Saxonia". It was Germany's first fully functioning steam locomotive, but sadly, no-one knows what happened to it after 1856. On the 150th anniversary of the first German long-distance railway, the East German transport ministry commissioned a replica of the Saxonia. Completed in 1988, it is now owned by the Munich Railway Museum. In 2008 it underwent a complete overhaul in the Meiningen steam locomotive works.

Locomotive à vapeur Saxonia

Inspiré par le modèle anglais Comet, l'ingénieur allemand Johann Andreas Schubert développa en 1838 la locomotive Saxonia, première locomotive à vapeur d'Allemagne. On ignore ce que devint la locomotive d'origine après 1956 ; ainsi en 1988, les chemins de fer de la RDA firent reconstruire à l'identique la Saxonia à l'occasion du 150e anniversaire de l'ouverture de la première voie ferrée longue distance d'Allemagne. Aujourd'hui, la Saxonia est une possession du musée du chemin de fer de Munich. Elle a été entièrement révisée en 2008 à l'atelier des locomotives à vapeur de Meiningen.

SUHL, Waffenmuseum Malzhaus

Diese größte Stadt Südthüringens verdankt seine Entwicklung der Waffenfertigung – bereits 1575 sind schon 19.458 Gewehrrohre hergestellt worden. In den beiden letzten Weltkriegen war hier ein Rüstungszentrum aufgebaut worden. Es wurden alle Arten von Jagdwaffen, Kleinkalibergewehren und auch Kleinkrafträder hergestellt und in die ganze Welt exportiert. Darüber vermittelt eine ständige Ausstellung im Malzhaus, einem Fachwerkgebäude aus der Mitte des 17. Jahrhunderts, interessante Details. Das Wahrzeichen der Stadt ist der Waffenschmied.

SUHL, Weapon museum

Suhl, the largest town in south Thuringia, owes its expansion to the development of the armaments industry. This dates back for centuries; – in the year 1575 it is recorded that 19,458 gun barrels were manufactured here. In the last two world wars, Suhl became a manufacturing centre for hunting rifles, small calibre weapons and also small motorcycles, products which were exported throughout the world. A permanent exhibition housed in the Malzhaus, a mid-17th century building, acquaints visitors with the history and development of the industry in Suhl.

SUHL, Le musée d´arme

Cette ville assez importante du Sud de la Thuringe doit son développement à la fabrication d'armes – 19.458 fusils y étaient déjà produits en 1575. Un centre de l'armement y fut installé durant les deux dernières guerres mondiales. Toutes sortes d'armes étaient fabriquées depuis les fusils de chasse aux pistolets de petits calibres et exportés dans le monde entier. La «Malzhaus», un édifice à colombage du milieu du XVIIe siècle, abrite une exposition permanente sur l'armurerie. Le symbole de la ville est bien sûr «l'armurier».

„Anmutig Tal! Du immergrüner Hain! Mein Herz begrüßt dich wieder auf das beste!" So beginnt das bekannte Gedicht „Ilmenau", das Goethe für seinen Herzog Carl August schrieb. Es ist eine Liebeserklärung an die Stadt. In seiner Eigenschaft als Minister des Herzogtums hat Goethe sich vor allem um eine Wiederbelebung des daniederliegenden Bergbaus bemüht. Über sein vielfältiges Wirken informiert im früheren Amtshaus ein ihm zum Gedenken errichtetes kleines Museum. Der junge Goethe sitzt dort als Bronzefigur auf einer Bank.

Goethe was very fond of Ilmenau and even wrote a poem titeld after it, celebrating the beauty of the town's rural situation, which he dedicated to his patron Duke Carl August. In his capacity of Minister to the Duchy, Goethe took it upon himself to revive Ilmenau's failing mining industry. In the former Amtshaus visitors can learn about this and about some of Goethe's other wide-ranging activities, for here is small museum dedicated to his memory. There is an also unusual bronze statue of the poet, shown seated on a bench.

Goethe composa un poème célèbre intitulé «Ilmenau» qu'il dédicaça à son protecteur, le duc Charles-Auguste. Ce poème est une déclaration d'amour à la ville qui joua un rôle important dans sa vie. En qualité de ministre du duché, Goethe se préoccupa notamment de redonner de l'essor à l'industrie minière dont vivait Ilmenau. Dans l'ancien «Amthaus» (maison de l'administration), un petit musée informe sur les multiples activités du poète. Devant l'édifice, on peut voir une statue en bronze du poète assis sur un banc.

Auf dem Gelände eines ehemaligen Steinbruchs (Nahe Oberhof) wurde 1970 der Grundstein für einen botanischen Gebirgsflora-Garten gelegt. Fast 4000 verschiedene Pflanzenarten aus den Gebirgen Europas, Asiens, Nord- und Südamerikas, Neuseelands sowie aus der arktischen Region fanden hier auf ca. 7 Hektar eine Heimat. Die herrlich in die Thüringer Bergwelt eingebettete außergewöhnliche Gartenlandschaft, mit einer künstlich angelegten Hochmooranlage, bietet den Besuchern lehrreiche Informationen. Für die Erholung sorgt das Café Enzian.

The foundation stone of a new botanic mountain flora garden was laid in 1970, in the grounds of a former stone quarry near Oberhof. Almost 4000 different species of plants from the mountains of Europe, Asia, North and South America, New Zealand and the Arctic have found a new home here, in an area covering 7 hectares. This unusual garden landscape, with its artificial moorland, is superbly situated among the mountains of Thuringia. Instructive background material is available for visitors, while the Café Enzian provides welcome refreshments.

En 1970 était posée la première pierre du jardin botanique alpin sur l'emplacement d'une ancienne carrière, près d'Oberhof. Près de 4000 variétés de plantes des régions montagneuses d'Europe, d'Asie, du continent américain, de la Nouvelle-Zélande, ainsi que des régions arctiques ont trouvé un nouvel habitat de quelque 7 hectares, comprenant également un marécage montagneux artificiel. Ce jardin original, aménagé dans un superbe paysage de montagne de la Thuringe, offre des informations captivantes aux visiteurs. On peut ensuite aller se détendre au café Enzian voisin.

Der bekannte Wintersportort Oberhof ist jedes Jahr im Winter Austragungsort internationaler Skisportwettkämpfe. Der nahe gelegene Rennsteig wird dann zu einer der längsten Loipen Europas. Bereits seit 1906 werden dort Wettkämpfe ausgetragen. Schneesicherheit und gut ausgebaute Trainingsmöglichkeiten (Sprungschanze) locken Sportler von weit her. Der mit 1600 Einwohnern eher kleine Ort, wird durch die Ausrichtung sportlicher Großereignisse im Winter zur Metropole. Im Sommer ist der Rennsteig eine beliebte Wander-und Bikerstrecke.

Every year the well-known winter sports resort of Oberhof becomes a venue for international ski competitions, and the nearby Rennsteig hiking path is converted to one of Europe's longest cross-country ski runs. Competitive ski sports have been held here since 1906, and participants come from near and far, tempted by prospects of ample snow and good training facilities (ski jumps). In winter the concentration of major sports events turns an otherwise small town of 1600 inhabitants into a metropolis. In summer the Rennsteig attracts hikers and bikers.

Tous les ans en hiver, la station de ski renommée d'Oberhof accueille des compétitions de ski internationales. Située à proximité, Rennsteig offre une des plus longues pistes de ski de fond d'Europe où des courses se disputent depuis 1906. Neige assurée et installations d'entraînement excellentes (tremplin de saut) attirent des sportifs du monde entier. La modeste localité de quelque 1 600 habitants se transforme en une métropole du sport lors des grands événements d'hiver. En été, la piste de Rennsteig est très fréquentée des randonneurs à pied ou à bicyclette.

Ein Chronist spricht „von der schönen alten Stadt am Thüringer Wald", die ihren Namen dem kleinen Flüsschen Schmalkalde verdankt. Die Stadt hat eine bewegte Geschichte. Wichtige Ereignisse der Reformation haben hier tiefe Spuren hinterlassen – verbunden mit Begriffen wie Schmalkaldischer Bund, Schmalkaldischer Krieg und Schmalkaldische Artikel. Den einstigen Reichtum verdankt die Stadt der Eisenerzgewinnung und ihrer Verhüttung: Schmalkaldische Artikel hatten einen guten Ruf. Die Innenstadt ist weitgehend erhalten geblieben.

Schmalkalden is an old and pretty town whose name derives from its situation on the little river Schmalkalde. The town has a turbulent past, especially during the time of the Reformation in the 16th century, when a number of momentous events took place here connected with the birth and spread of Luther's reforming Protestant movement Episodes which were eventually to affect the whole course of German history. In former times Schmalkalden owed its wealth to the mining and smelting of iron ore.

Dans une chronique, Schmalkalden qui doit son nom à un petit cours d'eau voisin, est qualifiée de «ville ancienne ravissante dans la Forêt de Thuringe». La ville a un passé mouvementé. Des événements importants de la Réforme y ont laissé des traces profondes qu'évoquent des noms tels que «l'Alliance de Schmalkalden» et la «Guerre de Schmalkalden». La ville doit son ancienne prospérité à l'exploitation et au traitement du minerai de fer. Les produits de Schmalkalden jouis-salent d'une réputation considérable. La vieille-ville à pans de bois est très bien conservée.

TRUSETALER WASSERFALL

Der Trusetaler Wasserfall ist einer der interessantesten Wasserspiele Thüringens, die um die Mitte des vergangenen Jahrhunderts künstlich angelegt worden sind. Mit einer Fallhöhe von 50 m stürzt das Wasser auf die Gesteinsmassen. Neben dem künstlichen Fall steigt man auf feuchten Felsentreppen hinunter. Das nasse Spektakel gehört zum gängigen Programm der Reisegesellschaften wie die Saalfelder Feengrotten oder die Marienglashöhle bei Friedrichroda. Von Bad Liebenstein ist der Trusetaler Fall bequem zu erreichen.

TRUSETAL WATERFALL

The Trusetal waterfall is of interest to visitors to Thuringia because it is an artificial one and not a natural creation, dating from the middle of the nineteenth century. The water descends fifty metres to the stony tract beneath, and hewn into the rock at the side is a flight of stone steps which are constantly damp from the spray. Today the waterfall (along with the Saalfeld grottoes and the Marienglas cave near Friedrichroda) is a standard beauty spot for parties of tourists. The Trusetal fall can easily be reached from Bad Liebenstein.

CASCADE DE TRUSETAL

On pourrait croire que la cascade de Trusetal est une beauté naturelle alors qu'elle fut créée artificiellement vers le milieu du siècle dernier. Les eaux se précipitent d'une hauteur de 50 mètres sur des masses de rochers. On peut descendre au fond de la cascade par des escaliers taillés dans la roche à côté de la chute d'eau. Mais la promenade est glissante! Une visite à la cascade de Trusetal fait partie des programmes de tours touristiques au même titre que les grottes de stalactites de Saalfeld et la grotte de la Vierge à Friedrichroda. On accède facilement à cascade Trusetal depuis Bad Liebenstein.

Die im 14. Jh. betriebene Salzgewinnung verhalf dem Ort zum späteren Kurbetrieb. Unmittelbar an der Werra gelegen, findet sich eines der schönsten Gradierwerke Deutschlands, welches 1590 erbaut wurde. Mit der Entdeckung der Heilwirkung der Sole um 1800 begann der Kurbetrieb. Der Mittelbau, zwischen den beiden 80 Meter langen Gradierwerken gelegen, wurde um 1900 im hennebergischen-fränkischen Stil erbaut. Sechs Jahre später wurde die Anlage mit Trinkhalle und Musikpavillon ergänzt. Das Kurhaus liegt in einer idyllischen Parklandschaft am Burgsee.

The salt production that prospered in the 14th century was also a factor in the town's later development as a spa. On banks of the River Werra stands one of Germany's most attractive salt works, built in 1590. The health spa industry began after the curative properties of saline were discovered around 1800. The central building, flanked by the 80-metre-long salt works, was built in about 1900 in Henneberg-Franconian style. Six years later, a pump room and bandstand were added. The spa centre stands in an idyllic park-like landscape on the Burgsee.

L'extraction du sel au XIVe siècle a plus tard aidé au développement de la station thermale. Érigé près de la Werra, un des plus beaux « Gradierwerk » (installation d'évaporation saline) d'Allemagne fut construit en 1590. La découverte des vertus curatives de la saumure en 1800 fut le départ des thermes. Le bâtiment central entre les deux installations salines de 80 m de longueur fut construit en 1900 dans le style henneberg-franc. Six ans plus tard, un pavillon de musique et une salle de dégustation d'eau y étaient ajoutés. Le Kurhaus s'étend dans un parc idyllique au Burgsee.

Schon die Burgherren von Stein wussten um die heilvolle Wirkung, der von ihnen um 1560, entdeckten Quelle. Aber als im Jahre 1610 der Coburger Herzog Casimir Kunde von der wunderbaren Wirkung des Brunnens in Liebenstein bekam, ließ er das heilkräftige Wasser in eine Quelle fassen. Für Liebenstein war dies der Auftakt zur weiteren Entwicklung in ein elegantes Kurbad, welches von Aristokraten gerne besucht wurde. Heute ist es eines der bedeutendsten Bäder für Herz- und Kreislauferkrankungen in Deutschland und hat von seinem besonderen Flair nichts eingebüßt.

As long ago as 1560, the Lords of the Manor of Stein realised that the spring they had newly discovered on this site possessed healing properties. It was not until 1610, however, that Duke Casimir Kunde of Coburg recognized the wondrous curative powers of the waters of Liebenstein and had them enclosed in a well. This was the prelude to the growth of Bad Liebenstein as an elegant spa favoured by the aristocracy. The town, which has lost none of its original flair, is today one of the most important spa centres in Germany specializing in cardiovascular diseases.

Les seigneurs de Stein appréciaient déjà les vertus curatives de la source qu'ils découvrirent vers 1560. Mais c'est seulement en 1610 que le duc Casimir de Coburg eut vent des eaux thérapeutiques de Liebenstein. Dès lors, la localité se développa en une élégante ville de cure, fréquentée des aristocrates. Aujourd'hui, Bad Liebenstein est une station thermale populaire en Allemagne, traitant les maladies cardiaques et de la circulation ; une jolie ville qui n'a rien perdu de son charme particulier.

Mitten im Thüringer Wald liegt der Inselsberg, der sich mit seinen 916 Metern über die Spitzen der Wälder ringsherum erhebt. Der erstmals um 1250 als Enzenberc erwähnte Berg ist vulkanischen Ursprungs. Herzog Ernst der Fromme baute schon im Jahr 1649 eine Hütte für Waldwart und Jäger. 1939 wurde eine Sendemastanlage errichtet, kurz darauf folgte die Wetterstation. Als Wintersportgebiet bietet der Inselsberg eine Sommerrodelbahn, Skiloipen sowie Abfahrten. Fürs leibliche Wohl sorgen ein Restaurant und ein Imbiss.

Inselsberg, situated in the middle of the Thuringian Forest, rises above the surrounding treetops at a height of 916 metres. The hill is of volcanic origin and was first mentioned around 1250 under the name Enzenberc. Duke Ernst the Pious built a lodge here for foresters and hunters in 1649. In 1939 a transmitting station was erected here, followed soon afterwards by a weather station. Inselsberg is now a winter sports area, with facilities for cross-country and downhill skiing and a summer toboggan run. There is also a restaurant and snack bar.

Au cœur de la Forêt de Thuringe, le sommet de l'Inselsberg haut de 916 mètres surplombe la cimes des arbres. Le massif d'origine volcanique fut mentionné pour la première fois en 1250 sous le nom d' Enzenberc. Le duc Ernest le Pieux y fit bâtir en 1649 une cabane destinée aux chasseurs et gardes-forestiers. Une antenne émettrice y était érigée en 1939, rapidement suivie d'une station météorologique. En hiver, l'Inselsberg offre des pistes de luge, de ski de fond et de ski alpin. On y trouve aussi un restaurant et une buvette.

Durch das Eichsfeld und Nordthüringen

An die revolutionären Ereignisse des deutschen Bauernkrieges erinnert die Kornmarktkirche, die zu einer zentralen Gedenkstätte eingerichtet wurde. Im alten Rathaus tagte am 17. März 1525, unter der Leitung Thomas Müntzers der „Ewige Rat", der sich aus allen Schichten der Bürgerschaft der Stadt zusammensetzte. Auch ein großer Teil der Stadtbefestigung blieb erhalten, ein nahezu 3 km langer Wehrgang, der auf der inneren Stadtmauer verläuft. Das turmgeschmückte Mühlhausen, „mulhusia turrita", war lange eine freie Reichsstadt.

The Corn Market church is one of the principal memorials to the short-lived but catastrophic events of the Peasants' War in the 16th century. In the old town hall one of the leaders of the revolt, the fiery preacher Thomas Müntzer, sparked off the insurrection in 1525 by convening a revolutionary council in which all ranks of citizens were represented. In the same year Müntzer was beheaded near Mühlhausen, Luther withdrew his support, the uprisings were brutally suppressed, and the war came to a bloody end.

L'église «Kornmarktkirche» qui est devenue un mémorial de la Guerre des Paysans, rappelle les événements révolutionnaires de cette époque. Dans l'ancien hôtel de ville, le théologien Thomas Müntzer, adversaire de Luther, présidait le «Conseil éternel» (1525) formé de représentants de toutes les classes sociales de la ville. Mühlhausen a également conservé une grande partie de ses fortifications dont le chemin de ronde long de trois kilomètres qui court sur l'enceinte intérieure. «Mulhusia turrita», la cité aux tours, fut longtemps une ville libre d'Empire.

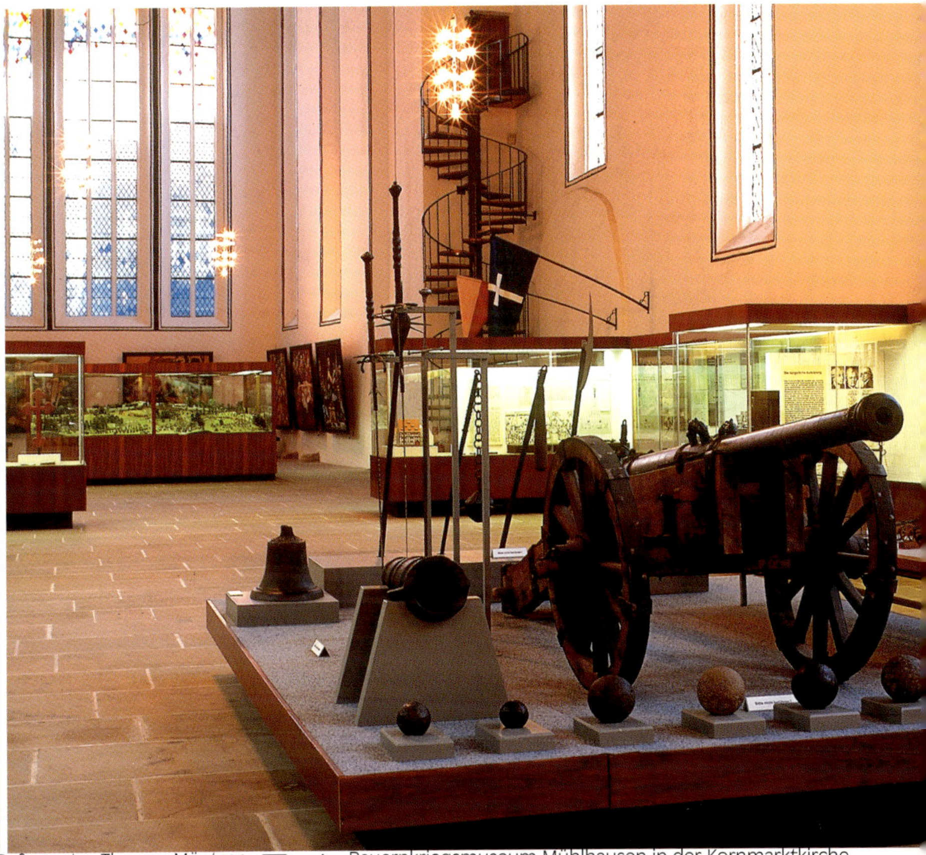

△ Blick auf Mühlhausen

▽ Bauernkriegsspektakel – Spiele um den Reformator Thomas Müntzer ▽

△ Bauernkriegsmuseum Mühlhausen in der Kornmarktkirche

Das Eichsfeld-Gebiet, im Nordwesten Thüringens gelegen, hat immer schon eine Sonderrolle in seiner wechselvollen Geschichte gespielt. Es ist weitgehend eine von ländlicher Kultur geprägte Landschaft, und dem Boden müssen die Bauern in mühevoller Arbeit die Erträge abringen. Der überwiegende Teil der Bevölkerung bekennt sich zum katholischen Glauben. Bis weit in die Hälfte des 20. Jahrhunderts gab es viele Klöster und Schwesternhäuser. Das Benediktinerinnenkloster Zella bestand von 1175 bis 1810.

Eichsfeld, in the north west of Thuringia, has had various rulers over the centuries, and has always played a special role in the unsettled history of the state. The scenery of Eichsfeld is extremely attractive, for this is largely an agricultural region where the soil is very poor. Most of the population is Roman Catholic, and up to the middle of the twentieth century a large number of monasteries and convents could be found here. Kloster Zella, pictured below, housed a community of Benedictine nuns from 1175 to 1810.

L'Eichsfeld situé au Nord-Ouest de la Thuringe a toujours joué un rôle particulier dans l'histoire mouvementée du pays. Cette région à vocation rurale ne possède que des sols maigres péniblement cultivés par les paysans. La majeure partie de la population est catholique et de nombreux monastères et couvents furent fondés dans l'Eichsfeld jusqu'au milieu du XXe siècle. Le couvent de Bénédictines Zella, créé en 1175 exista jusqu'en 1810.

DINGELSTÄDT im Eichsfeld

Dingelstädt konnte sich aufgrund der vielfältigen Industrieansiedlung seit dem 19. Jahrhundert prächtig entwickeln. Nur wenige Orte im Eichsfeld schafften es, sich industriell zu etablieren und das über die Zeit der DDR bis in die Neuzeit hinein. Das große ehemalige Dingelstädter Franziskaner-Kloster (Bild rechts), beherbergt heute das Staatliche Gymnasium St. Josef Dingelstädt. — Im nahegelegenen Ort Kefferhausen kann man an idyllischer Stelle im Wald die Quelle der Unstrut besichtigen, ein Nebenfluss der Saale.

DINGELSTÄDT at the Eichsfeld

As a thriving location for a wide range of large industrial enterprises, Dingelstädt underwent rapid development during the 19th and 20th centuries. Few other places in the Eichsfeld district likewise succeeded in establishing factories that survived German reunification in 1990. The former imposing house of the Franciscan community (photo right) is now home to St Josef Dingelstädt State Grammar School. — In the nearby village of Kefferhausen in an idyllic woodland spot can be found the source of the river Unstrut, a tributary of the Saale.

DINGELSTÄDT/Eichsfeld

Dingelstädt prospéra à partir du XIXe siècle grâce à l'installation de diverses industries. Peu de localités de l'Eichsfeld réussirent à établir un tissu industriel et à le conserver au-delà de l'époque de la RDA, dans l'Allemagne réunifiée. Jadis important, l'ancien monastère de franciscains de Dingelstädt (photo à droite) abrite aujourd'hui le lycée municipal St-Josef. — L'ancien monastère de Franciscains de Dingelstädt abrite aujourd'hui un lycée. Près de la localité voisine de Kefferhausen, la rivière Unstrut prend sa source à un endroit idyllique de la forêt.

△ DINGELSTÄDT, ehemaliges Franziskaner-Kloster oder „St. Josef-Institut"

▽ UNSTRUT-QUELLE in Kefferhausen bei Dingelstädt

HEILIGENSTADT ▽ Klauskapelle am Kurpark △ Stadtblick mit katholischer Marien-Kirche ▽ Heimensteiner Kirmes an Pfingsten

HEILIGENSTADT im Eichsfeld

Das Zentrum des Eichsfeldes ist Heiligenstadt. Das älteste Gebäude ist die Stiftskirche St. Martin, eine gotische Basilika. Auch die Ägidien- und die Marienkirche sind gotische Hallenkirchen. Der Schriftsteller Theodor Storm war von 1856 bis 1864 hier als Kreisrichter tätig. In den zwanziger Jahren ließen sich in Heiligenstadt die Redemptoristen nieder und bauten ihr Kloster „an der Rinne" unter dem Iberg. Exerzitien, Missionen und Aushilfe in der Seelsorge waren die besonderen Aufgaben der Redemptoristen, denen sie noch heute nachgehen.

HEILIGENSTADT at the Eichsfeld

The health resort of Heiligenstadt is situated at the centre of the region known as Eichsfeld. The oldest building in Heiligenstadt is the 13th century collegiate church of St Martin, a Gothic basilica. The German Romantic novelist and poet Theodor Storm lived in Heiligenstadt from 1856 to 1864. In the nineteen-twenties a religious congregation known as the Redemptorists settled in Heiligenstadt and built a monastery named "An der Rinne". The order, founded in Italy in 1732, concentrates on special tasks such as spiritual exercises, missionary and pastoral work.

HEILIGENSTADT dans le Eichsfeld

La station climatique de Heiligenstadt est le centre de la région de l'Eichsfeld. Le plus ancien édifice de la ville est la basilique gothique St-Martin. Les églises Ägidienkirche et Marienkirche sont également des églises gothiques de style Halle. L'écrivain Theodor Storm y exerça les fonctions de juge de district entre 1856 et 1864. Dans les années vingt, l'ordre des Rédempteurs, fondé en 1732, vint s'installer à Heilingenstadt où il construisit le monastère «An der Rinne». Jusqu'aujourd'hui, les retraites, l'œuvre missionnaire et le pastorat font partie des activités des Rédempteurs.

HEILIGENSTADT Klosterbibiothek ▷

Jedes Jahr am ersten Augustwochenende erlebt Burg Hanstein das Mittelalter wieder neu, bei einem Fest auf dem imposanten Burggelände. Doch die Ursprünge dieser eindrucksvollen Burgruine reichen laut Überlieferungen sogar bis 820 zurück. Bewohnt war die Burg bis 1683, danach nutzten die von Hanstein die Anlage nur noch für Familienversammlungen, dafür wurde eigenst ein neuer Saal errichtet. Einen herrschaftlichen Blick hat man von dem begehbaren Turm ins Nordhessische Bergland.

Every year on the first weekend in August, the Middle Ages are brought to life anew in a festival held in the imposing grounds of Hanstein castle. According to tradition, the origins of this impressive ruin can be traced back as far as the year 820. The castle was inhabited till 1683, but after that the Hanstein family only used it for family gatherings, building a special new function room for the purpose. Visitors may climb the tower for a grandiose view of the mountainous landscape of North Hesse.

Chaque année, le premier week-end d'août, l'époque médiévale revit à Burg Hanstein lors d'une fête célébrée dans les ruines imposantes de l'ancien château fort, dont les origines remonteraient à 820. Le château a été habité jusqu'en 1683 par la lignée von Hanstein, qui ne l'a plus ensuite utilisé que pour des réunions de famille, construisant et aménageant à cet effet une nouvelle vaste salle. Depuis le sommet accessible de la tour, on découvre un superbe panorama sur le paysage ondulé de la Hesse du Nord.

Nordhausen ist das Tor zum Südharz. Die Stadt wurde im Zweiten Weltkrieg schwer zerstört und bis heute sind diese Schäden noch nicht vollständig beseitigt. Sehenswert ist das alte Rathaus, das nach 1945 im Stil der Spätrenaissance originalgetreu wiederaufgebaut wurde. An der Westseite steht der Roland, der bezeugt, dass die Stadt im Mittelalter die Rechte einer Handelsstadt besaß. Von der Stadtmauer blieben nur Reste erhalten. Der aus dem 12. Jahrhundert stammende Dom jedoch, der ebenfalls zerstört war, ist wieder aufgebaut worden.

Nordhausen is the gateway to the southern Harz mountains. The town was largely destroyed in the Second World War and traces of the bombardment are still evident. The town hall, a faithful replica of the original Late Renaissance building, was erected after 1945 and is well worth a visit. In the Middle Ages this was an important trading town, as can be seen from the statue of Roland (a symbol of free trade) that stands on the west side of the town hall. Little remained of town defences exept for the old cathedral, also destroyed in the last war, thathas been rebulit.

Nordhausen, porte vers le Sud de la région Harz, fut dévastée durant le Deuxième Guerre Mondiale et ne s'est pas encore remise entièrement de ses blessures. L'ancien hôtel de ville fut reconstruit dans son style Renaissance d'origine après 1945. La statue de Roland qui s'élève sur son côté gauche témoigne que la ville possédait les droits d'une cité marchande au Moyen-Âge. Il ne reste que de rares vestiges de son ancienne enceinte fortifiée. Par contre, on a reconstruit la cathédrale du XIIe siècle, détruite durant la guerre.

Bekannt ist Sondershausen vor allem als Musikstadt. Seit 1801 besteht das Loh-Orchester, sein berühmtester Dirigent war Max Bruch. Das Schloss in Sondershausen ist das größte in Nordthüringen, einst Residenz des Fürstenhauses Schwarzburg-Sondershausen. Es ist heute wieder zu besichtigen und man nutzt auch das frühere fürstliche Theater wieder für Aufführungen. Seit 1892 wurde in Sondershausen Kali gefördert. Die Bergbauanlagen sind als ein technisches Denkmal erhalten geblieben. Die reizvolle Umgebung der Hainleite lockt zu ausgiebigen Wanderungen.

For two centuries, Sondershausen has been famous as a town of music. The Loh orchestra was founded in 1801 and its most illustrious conductor was Max Bruch. The palace of Sondershausen, once the residence of the Counts of Schwarzburg-Sondershausen, is the largest in north Thuringia. The potash mines that came into operation in Sondershausen at the end of the 19th century have been preserved as an industrial monument, while the charming surrounding countryside of the Hainleite attracts walkers and ramblers.

Sondershausen a la réputation d'être une ville musicale. Elle possède le célèbre orchestre Loh dont le chef d'orchestre le plus célèbre fut Max Bruch. Le château de Sondershausen, le plus grand de Thuringe, fut autrefois la résidence de la maison princière Schwarzburg-Sondershausen. Il est ouvert au public et abrite l'ancien théâtre princier où des représentations ont de nouveau lieu aujourd'hui. La potasse fut exploitée à Sondershausen dès 1892. Les installations minières ont été conservées et peuvent être visitées.

Die Wasserburg Heldrungen zählt zu den mächtigsten in Mitteleuropa und ist mit der Geschichte des Bauernkrieges eng verknüpft. Sicher ist, dass Thomas Müntzer nach der Niederlage des von ihm angeführten Bauernheeres bei Frankenhausen gefangen genommen und nach Heldrungen gebracht worden war. Die Burg befand sich damals in Besitz der Mansfelder Grafen. Es ist aber nicht belegt, dass man Müntzer tatsächlich im so genannten „Thomas-Müntzer-Turm" gefangen gehalten hatte. Am 27. Mai 1525 wurde er im Lager der Fürsten vor Mühlhausen hingerichtet.

The moated castle of Heldrungen is one of the largest in Central Europe and its history is closely bound to that of the Peasants' War in the 16th century. After the crushing defeat of the peasants' army in Thuringia, their leader, Thomas Müntzer, was taken from the site of the battle near Frankenhausen to Heldrungen and was kept prisoner there. Müntzer and a number of other insurgents were executed on 27 May 1925 in the camp of the Counts of Mansfeld, at that time the owners of Heldrungen.

Le château entouré de douves de Heldrungen est un des plus imposants d'Europe centrale. Son histoire est étroitement liée à la Guerre des Paysans qui eut lieu de 1524 à 1525. Le théologien Thomas Müntzer fut emprisonné dans le château qui appartenait alors aux comtes de Mansfeld, après la défaite près de Frankenhausen des troupes de paysans dont il avait pris la tête. Mais il n'est pas certain qu'il fut jeté dans la tour qui porte aujourd'hui son nom. Le 27 mai 1525, Müntzer était décapité avec d'autres rebelles dans le camp du prince de Mühlhausen.

Zum Gedenken an die 450-jährige Wiederkehr der Schlacht bei Frankenhausen am 15. Mai 1525 schuf der Maler Werner Tübke das monumentale Panoramabild „Frühbürgerliche Revolution in Deutschland". Es befindet sich genau an der Stelle, an der 1525 die Schlacht am Weißen Berg zwischen dem Bauernheer unter Führung Müntzers und dem hessisch-braunschweigischen Fürstenheer tobte. Die Maße des Rundbildes sind gewaltig, wovon Sie auf diesen Seiten einen Ausschnitt sehen. Es ist 123 Meter lang und 14 Meter hoch – Tübke hat 12 Jahre lang mit seinem Team daran gearbeitet.

In order to commemorate the 450th anniversary of the Battle of the White Hill near Frankenhausen on 15 May 1525, the painter Werner Tübke created a panoramic painting of this early and bitter struggle of ordinary German people to gain freedom. The painting marks the very spot where battle raged between an army of peasants led by the rebellious Thomas Müntzer and the forces of Hesse-Brunswick. The measurements of the round picture are astounding: It is 123 metres long and 14 metres high and took twelve years to be completed.

En commémoration du 450e anniversaire de la bataille de Frankenhausen, le peintre Werner Tübke réalisa l'oeuvre monumentale «La première révolution populaire en Allemagne», installée le 15 mai 1525 à l'endroit précis de la bataille qui se déroula au lieu-dit Weissen Berg entre l'armée de paysans conduite par Thomas Müntzer et les troupes du prince de Hesse-Braunschweig. Tübke travailla 12 ans au tableau panoramique immense qui a une longueur de 123 mètres et une largeur de 12 mètres.

In einer großen Rotunde ist die Gesamtdarstellung der Epoche des ausgehenden Mittelalters und der frühen Neuzeit eindrucksvoll dargestellt. Den Mittelpunkt bildet die Schlacht bei Frankenhausen, mit Thomas Müntzer als Protagonist. Auf 1722 qm schuf Tübke ein Kolossalgemälde von unglaublicher Intensität, worauf bedeutende Persönlichkeiten der Geschichte, z. B. Albrecht Dürer, Martin Luther und Lucas Cranach, abgebildet worden sind. Mehr als 3.000 einzelne Figuren bevölkern das einzigartige Monumentalwerk mit ihren eigenen Geschichten.

In the huge rotunda you will find a striking depiction of the whole epoch of the late Middle Ages and the beginnings of the modern period. The centre of the painting portrays the Battle of Frankenhausen, with the rebel Thomas Müntzer as chief protagonist. Tübke's colossal picture, covering 1722 square metres, is a work of incredible intensity that depicts important historical characters such as Albrecht Dürer, Martin Luther und Lucas Cranach. This unique, monumental artwork is populated with over 3000 figures, all with their own tale to tell.

Toutes les périodes de la fin du Moyen-Âge aux débuts des temps modernes sont admirablement représentées dans une grande rotonde. La bataille de Frankenhausen avec Thomas Müntzer comme protagoniste en constitue le centre. Sur 1722 m^2, Tübke a réalisé une peinture monumentale d'une incroyable intensité, où apparaissent des personnages importants de l'histoire tels qu'Albrecht Dürer, Martin Luther et Lucas Cranach. Plus de 3000 figures peuplent l'œuvre colossale de leurs propres histoires.